Martin Vosseler

# der sonne entgegen

Zu Fuss von Basel nach Jerusalem
für 100 % erdverträgliche Energie

Martin Vosseler

# der sonne entgegen

Zu Fuss von Basel nach Jerusalem
für 100 % erdverträgliche Energie

emu-Verlag

Der emu-Verlag hat die typische Schreib- und Ausdrucksweise
des Schweizer Autors beibehalten.

ISBN 978 – 3-89 189-190-2
1. Auflage, 2010
© 2010 by emu-Verlags-GmbH, 56 112 Lahnstein
Umschlagbild: Peter Huber, Basel
Umschlaggestaltung: Martin Gutjahr-Jung

Gesamtherstellung: Kösel, Krugzell

# Inhaltsverzeichnis

# spaziergang mit martin

nachmittags im dezemberlicht
gehen wir über land
endlich bleiben die häuser zurück
das reden wird einsilbig
und der himmel weit
seit tagen erstickt von räumen
atme ich den kalten wind ein
die juraberge vor uns
frag ich wo ist jetzt der rhein
der rote stinkende vergiftete rhein
den wir als kinder vater nannten

nachmittags im dezemberlicht
zeigst du über die wiesen
hier sollte die stadt weiterwachsen
wir haben darum gekämpft freizubleiben
eine strasse haben sie durchs land geschnitten
und die hochspannungsmasten dort
du siehst sie jetzt aber keine bange

nachmittags im dezemberlicht
lachst du mir zu in zwanzig jahren
spätestens
werden wir sie abgerissen haben
wir werden viel weniger strom brauchen
die konzerne werden um selbstauflösung ersuchen
und während du mit dem wind um die wette lachst

nachmittags im dezemberlicht
seh ich mein kinderbuch vor mir
und den riesen wie er am boden liegt
von den zwergen gefesselt
wie er das maul noch öffnet
zwanzig von uns auf einmal zu schlucken
aber die hände und füsse haben wir schon umgarnt
eifrig haben wir leitern an seinen bauch gelehnt
unerschrocken von seinen rülpsern
klettern wir höher und sehen endlich
die bäume vor uns und das licht auf dem jura
grau wird der gigant und zerfällt
vor unsern augen ein stück roter himmel strahlt auf
schon jetzt

*Dorothee Sölle – nach einem gemeinsamen Spaziergang*
*über das hintere Bruderholz in Basel*
*(Teschuwa, Pendo-Verlag, 1989)*

# Gruss

Gerne bin ich dir
Pilger
gefolgt
durch Wälder, Wiesen, Pusztas
durch Dörfer und Städte
an Flüssen entlang, über einsame Pässe
durch Hitze, Kälte, Regen und Wind
und in sengender Sonne
habe mit dir genächtigt
in Herbergen, Pfarrhäusern, Klöstern
habe gehungert mit dir
und mich vollgetrunken mit Wasser
nach ausgetrockneten, durstigen Tagen
bin mit dir aufgestanden im Morgengrauen
um dich auf langen Tagesmärschen
im Indianerschritt zu begleiten
habe gebangt an den Grenzen immer fernerer Länder
ob man dich durchlässt
um schliesslich Arm in Arm mit dir
zu schreiten

durchs Tor von Jerusalem
dieser Stätte der Sehnsucht
von Juden, Christen und Mohammedanern
und Pantheisten wie du einer bist
bin zusammen mit dir in Bethlehems Kirche gekauert
zur mitternächtlichen Weihnachtsmesse
und habe dir leise gedankt
dass du in unserer Zeit
die ihr Mass am Nutzen nimmt
aufbrachst zu diesem schwer erklärlichen Gang
im Auftrag der Sonne, der Erde, des Lebens
im Auftrag aber auch deiner selbst
sowie von uns allen
die wir bloss davon träumen
einmal im Leben
so weit zu gehen
wie die Füsse uns tragen.

*Franz Hohler*

# Sonnenaufgang und Priorität

Noch ist es dunkel. Ein Wolkenwulstgebilde im Osten fasert auf alle Seiten hin fächerförmig aus. Es bedeckt vier Fünftel des Himmels. Zuerst schleicht sich eine Ahnung von Licht in die Wolkentrommeln über dem Horizont. Dann trennt ein feiner, roter Streifen die Wolkenburg von der Erde. Das farbige Band wird immer breiter, färbt mehr und mehr das Himmelsgewimmel. Die Röte schleicht sich in die Wolkenzüge. Nun strahlt die Wattendecke in knalligen Farben – viele Nuancen von Gelb, Gold, Rot, Orange. Sie rippt sich. Der Wolkenfächer schrumpft, und die fein, dünn gewordenen Rosenfinger erscheinen gelockt wie das gekräuselte Lockenhaar einer rothaarigen, jungen Frau – und erlöschen. Das Gewölk lastet wieder grau-blau, dumpf. Dahinter geht die Sonne auf – gelborange-mattes Drängen.

## Die Sonne

Es gibt heute keine wichtigere Frage: Wie können wir den wunderbaren Planeten Erde bewohnbar erhalten? Die Antwort liegt in der Sonne.

Es wäre ja wirklich fantasielos, wenn wir die Erde, dieses einzigartige Lebenswunder im unwirtlichen Kosmos, für uns unbewohnbar werden liessen.

Ja, schon: Wir sind Gewohnheitswesen. Sonst würde ich bei der morgendlichen Rasur nicht stur jeden Tag bei meinen rechten Koteletten beginnen. Das ist weiter nicht schlimm; aber wir halten eben auch an lieb gewonnenen Gewohnheiten fest, wenn sie erdunverträglich sind. Auch weiss ich: Unsere Wahrnehmung wird halt nun einmal von unserem unmittelbaren Bedürfnis beeinflusst. Sonst würde ich ein Motorengeräusch, das mich beim Wandern in der Bergstille mächtig stört, nicht als willkommene Sphärenmusik empfinden, wenn mir der letzte Bus abgefahren ist und ich auf eine Mitfahrgelegenheit hoffe. Was ist es denn noch? Ist der Handel mit Raubgut Gier – nach Öl, Gas, Kohle, Uran, nach anderen Bodenschätzen, Tropenholz, nach den letzten Fischen aus den ausgefischten Meeren? Ist Gier nach Macht und Geld unüberwindbar? Verdienen sich da ein paar eine goldene Nase und verlangen von uns, die Bewohnbarkeit dieses Erdparadieses ihren Geschäften zu opfern? Sind die meisten von uns unentrinnbar eingebunden in eine nicht erdverträgliche Lebensweise?

## Lernt doch endlich

Vor 20 Jahren ist die Sonne ins Zentrum meines Lebens gerückt. 1990 sitze ich in der Strafanstalt Klosterfiechten in Basel eine Haftstrafe ab. Nach einem Besuch im Atombombenmuseum von Hiroshima wird mir klar: Wir müssen Krieg als politisches Mittel abschaffen, und ich kann keine Minute länger Militärdienst leisten. Ich verweigere den Dienst, als Sanitäts-Hauptmann der Schweizer Armee. In einem fairen Prozess werde ich zu einem Monat Gefängnis verurteilt. Jeden Morgen um sechs Uhr kann ich mein Zimmer verlassen – ich darf tagsüber in der Praxis arbeiten. Da ich zu früh bin, setze ich mich auf eine Bank bei einer Linde mit Blick über das Rheintal. Die Sonne geht auf; hinter den Fabriken, die im Rheintal rauchen. Der Verkehr beginnt in der Talsohle zu brausen. Die Sonne kommt jeden Tag, will uns sagen: Gestaltet euer Leben mit mir, ihr habt ja alle Mittel! Lernt doch endlich, mit mir zu leben. Damals beschliesse ich, mich für ein Leben mit der Sonne einzusetzen. Solange ich lebe. Darum bin ich für die Sonne unterwegs.

## Priorität

Ruth Cohn, Begründerin von TZI (Themen-zentrierte Interaktion), erinnerte immer wieder an ihre Maxime: Die Störung hat Priorität. Ein Beispiel: Die Blutung aus einer Schlagader ist eine lebensbedrohliche Störung mit absoluter Handlungspriorität. Da gibt es nur eines, um ein Leben zu retten: Sofortige, vollständige Blutstillung! Wer sich zuerst um Nebenbefunde kümmert, um Knöchelverstauchung oder Fusspilz, begeht einen krassen Kunstfehler.

Klimaveränderungen entsprechen einer solchen lebensbedrohlichen Situation auf globaler Ebene. Wir müssen die Treibhausgase und die radioaktive Verseuchung unserer Atmosphäre auf 0 senken, so schnell als möglich. Wird die Erde wegen des aus dem Ruder laufenden Klimas unbewohnbar, werden alle anderen Probleme, die uns heute noch vom Wesentlichsten ablenken, irrelevant. Das bedeutet: Weg von Öl, Gas, Kohle, Uran, weg von der Vergiftung unseres Planeten, weg von der Ausbeutung der nicht erneuerbaren Ressourcen, hin zu 100 % erneuerbaren Energien, mit und dank Energieeffizienz, d. h. bester Nutzung der vorhandenen Sonnenenergie in allen ihren Formen wie Solarwärme und -strom, Windkraft, Gezeiten-, Wellenenergie und Geothermie. Nicht in 50 oder 100 Jahren – jetzt!

Drei Energieunternehmen in der Schweiz planen, drei neue Atomkraftwerke zu bauen. Die Energiemenge, die diese liefern sollen, könnte eingespart werden: Statt der 240 000 Elektroheizungen und der 1 Million Elektroboiler könnten Sonnenkollektoren, effiziente Wärmepumpen und Holzheizungen eingesetzt werden. Häuser, die mehr Energie ernten als sie brauchen, und Haushaltsgeräte der besten Energieeffizienzklassen könnten zum gesetzlichen Standard erklärt, Elektrogeräte bei Nichtgebrauch abgestellt werden. Über eine Million Altbauten, die heute noch Energie verschwenden, könnten energetisch saniert werden – eine riesige Chance für das einheimische Gewerbe.

## Homöostase

In der Rekrutenschule lernten wir Injektionstechnik. Da war der Injektionsbefehl: „Spritzen Sie Ihrem Kameraden 2 Milliliter Solutio Natrii chlorati 0,9 % in die rechte Ellbogenvene." Ich wiederholte den Befehl und versuchte mit zittrigen Händen, ihm nachzukommen. Der Kollege hatte danach die Möglichkeit, sich an mir zu revanchieren. 0,9 %? Ich lernte, das sei die Konzentration des Kochsalzes im Blut. Die injizierte Kochsalzlösung musste isotonisch sein, d. h. dieselbe Kochsalzkonzentration aufweisen wie das Blut. Im Körper wird dieser Kochsalzspiegel auf komplizierte Art stets konstant gehalten; wenn er sich verändert, z. B. bei starkem Durst oder bei Kochsalz-Übersättigung, wird es bald einmal lebensgefährlich.

Was für das Einzelwesen gilt, gilt ähnlich für den Organismus „Planet Erde". Luftbläschenuntersuchungen in antarktischen Eisbohrkernen zeigen: Über die Zeiträume, die wir dank dieser Methode überblicken, ca. 800 000 Jahre, war der $CO_2$-Spiegel in der Atmosphäre erstaunlich konstant, immer etwa 280 ppm (parts per million – Teilchen auf eine Million), auch in Eiszeiten und warmen Phasen. Erst mit der industriellen Revolution Ende des 18. Jahrhunderts begann das $CO_2$ anzusteigen – wegen Verbrennung von Kohle, später von Öl und Gas; und heute sind wir bei einer Konzentration von 390 ppm, zu gewissen Zeiten und in gewissen Gegenden schon über 400 ppm. $CO_2$ ist nur *ein* Gas, das uns den Verlust des atmosphärischen Gleichgewichts drastisch anzeigt. Daneben haben zahlreiche weitere Treibhausgase stark zugenommen. Zudem wird unser Lebensraum durch radioaktive und chemische Gifte massiv belastet.

## Diagnose und Therapie

Die ungeschminkte Diagnose lautet: Wir haben die Erd-Homöostase durcheinander gebracht. Mit anderen Worten: Wir haben die Bedingungen auf der Erde, die das Leben ermöglichen, massiv verändert. Gelingt es nicht, diese Veränderungen rückgängig zu machen, ist die Bewohnbarkeit des Planeten für uns nicht mehr garantiert. Und die Therapie? 100 %ige „Blutstillung"; das bedeutet das Vermindern der Treibhausgase und aller Giftstoffe in unserer Atmosphäre auf 0. Das braucht es heute – nicht „bräuchte" es. Das tönt extrem, ist jedoch notwendig. Wenn wir den Treibhausgas-Ausstoss heute auf 0 senken, wird wegen der Trägheit des Systems die Erwärmung der Atmosphäre noch mindestens 50 bis 100 Jahre weiterdauern. Darum muss die radikale Umstellung in

Kürze erfolgen. Visieren wir deshalb folgendes Ziel an: zurück auf 280 ppm $CO_2$! Nicht dank Atomenergie, die uns gigantischen Risiken aussetzt und für Jahrmillionen hochgiftige radioaktive Abfälle hinterlässt, sondern dank der grossartigen, erneuerbaren Energie der Sonne!

## Atomkraft – kein Heilmittel

Mit gigantischen Werbemitteln wird derzeit die Renaissance der Atomkraft weltweit propagiert. Diese wird als sauber und klimafreundlich gepriesen – trotz giftig strahlenden Abfällen, die wir den nachfolgenden Generationen während Jahrmillionen zurücklassen; trotz Risiken bei möglichem, unermesslichen Schadenausmass; trotz dem gewaltigen Strahlungspotenzial, das in jeder AKW-Anlage droht – allein die fünf Schweizer Atomkraftwerke beinhalten Radioaktivität in der Grössenordnung von rund 10 000 Hiroshima-Atombomben; trotz der Verseuchung der Lebensgrundlagen beim Uranabbau, zumeist in Gebieten, wo indigene Völker wohnen; trotz der gewaltigen Energieverschwendung – zwei Drittel der erzeugten Energie verpuffen als Abwärme; trotz Unwirtschaftlichkeit – extrem hohe Baukosten und lange Bauzeiten.

Prof. Hans-Peter Dürr, langjähriger Direktor des Max-Planck-Instituts für Physik in München, nimmt in seinem Buch „Warum es ums Ganze geht" (oekom verlag münchen 2009, S. 155) zur Atomenergie Stellung: „Ich nenne nur einen Grund, der für mich als Kernphysiker ein absolutes Nein zur Kernenergie bedeutet: Wir Menschen sollten nie und nimmer Technologien entwickeln, die bei einem maximal möglichen Störfall zu einem Schaden führen, der nicht mehr von uns verantwortbar ist. Und diese Forderung muss gelten, ganz gleich, welche Wahrscheinlichkeiten für den Eintritt eines solchen Störfalls ausgerechnet worden sind."

Immerhin: Von AKW-Renaissance kann bisher keine Rede sein. Dagegen erleben die erneuerbaren Energien ein starkes Wachstum. Schon nur die weltweit installierte Windenergie-Nennleistung hat sich von 2005 bis 2008 von 60 000 auf 120 000 Megawatt verdoppelt.

### Ärztliche Verantwortung

Oft kommt mir der Fabrikdirektor in den Sinn, der während meiner Unterassistentenzeit wegen eines Herzinfarkts in ein Landspital eingewiesen wurde. Kaum war der Schmerz überstanden und der Kreislauf wieder stabil, begann er, sein Krankenzimmer in ein Chefbüro umzufunktionieren. Er nahm vom Bett aus die Leitung seines Betriebes wieder auf, als wenn mit seinem Herzen nichts geschehen wäre. Der Chefarzt intervenierte radikal; und ich wurde in den nächsten Wochen bei der Betreuung dieses Herzkranken Zeuge seines langsamen Heilungsprozesses, von befreiendem Gehenlassen und tief greifender Lebensveränderung.

Wir Ärztinnen und Ärzte haben dank unserer Erfahrung mit lebensbedrohlichen Notsituationen die Verantwortung, die Diagnose klar zu nennen und die Therapie eindringlich zu fordern. Es gibt nicht ein wenig Blutstillung. Es braucht die sofortige und vollständige Blutstillung, um das Leben des blutenden Patienten zu retten. Wie im Märchen „Des Kaisers neue Kleider" das Kind ruft: „Aber er hat ja gar nichts an!", sind wir aufgerufen, hinzusehen und anzumahnen, was für die Rettung der Lebensgrundlagen getan werden muss.

### 100 % „Blutstillung" jetzt

Wir brauchen diese „Blutstillung" dringend. Im Energiebereich bedeutet dies 100 % erneuerbare Energien jetzt, im Landwirtschaftsbereich biologischer Landbau jetzt, in der Industrie ein Ende der Abfall- und Giftproduktion dank geschlossenen Stoffkreisläufen – jedes anfallende Endprodukt wird Ausgangsstoff für einen neuen Stoffkreislauf. Was an nicht erneuerbaren Materialien noch übrig bleibt, wird zu 100 % recycliert. Wir sind das all den kommenden Generationen schuldig, die hier auf Erden ein intaktes Lebenssystem vorfinden wollen.

Lesen Sie trotz all den unbequemen Aussagen noch ein wenig weiter. Ich nähme Sie so gerne mit auf meine fast 100 % erneuerbaren Abenteuer, meine fast 0 %-Treibhausgas-Erlebnisse.

Es geht nämlich – es braucht aber einen gemeinsamen politischen Willen, eine planetare Ethik der Erdverträglichkeit, eine Spiritualität der Ehrfurcht vor dem Leben und eine neue Wirtschaft, die ihre Profite nicht mehr aus dem Ausbeuten von Raubgut zieht, sondern aus dem Andocken an die erneuerbaren Kräfte der Sonne. Utopie? Nein, schon heute an vielen Orten gelebte Wirklichkeit; und da es unsere einzige Chance ist, könnte es auch gelingen.

# Fürs Leben gern gehen

Das könnte ja noch einleuchten, das mit der Priorität; aber wie kommt einer ums Himmels willen dazu, sich dafür auf Wanderschaft zu begeben, monatelang zu Fuss unterwegs zu sein?

Nun, ich gehe so gern zu Fuss. Es ist die Aktivität, die mich am meisten begeistert. Von all den vielen Dingen, die ich treibe, ist es das, was ich besonders gut kann.

## Dank ihrer guten Beine

Das Gehen ist ein altes Thema in unserer Familie. Da waren schon einmal die guten Beine einer beherzten Frau.

11. September 1881: In Elm im Kanton Glarus, ganz hinten im Sernftal, wird am Tschingelberg seit Jahren Schiefer abgebaut. Man lässt im Schacht als Stützen Pfeiler stehen. Als die Mine ganz ausgeräumt ist, überlässt sie die Privatfirma der Gemeinde. Um die rund 100 Arbeitsplätze zu erhalten, macht man sich an die letzten Schieferreserven – die Pfeiler. Das bleibt nicht ohne Folgen. Warnzeichen werden sichtbar: Der Geisshirt erzählt im Dorf von einem tiefen, sich schnell verbreitenden Riss oberhalb des Plattenbergs. Felsbrocken, die er hineinwirft, poltern lange in die Tiefe. Der Förster beobachtet, wie sich die Bäume über dem Bergwerk langsam neigen. Am Fusse des Plattenbergs liegt der Weiler Untertal. Der Geologe Albert Heim von Zürich fordert zur Evakuation dieses Weilers auf. Seine Warnungen werden in den Wind geschlagen.

## Ich guh afed

In der zweiten Septemberwoche setzt ergiebiger Dauerregen ein. Am Sonntag, den 11.9., erfolgen die ersten Warnstürze – bereits kollern grosse Felsbrocken zu Tale. Katzen und Hühner haben den Weiler bereits verlassen. Die Bauernfrau Elsbeth Elmer nimmt die 11-jährige Maria und die 2-jährige Elsbeth an die Hand. Ihr Mann Heinrich packt noch einige Habseligkeiten ein – sie ruft ihm zu: „Ich guh afed mit de Chind" (Ich gehe schon einmal mit den Kindern). Sie rennt mit all ihren Kräften am Gegenhang hinauf gegen die Camperdun-Alp. Hätten sie die Rettung in Richtung des Dorfkerns gesucht, wären auch sie verloren gewesen. Sie legt auf halber Höhe ihre Kinder in eine Geländemulde, sich schützend über sie. Da kommt der Berg – gewaltige Steinmassen wälzen sich zu Tal. In Bergsturz-Richtung wirbelt riesiger Druck Häuser, Menschen und Vieh weit in die Luft. Als die dicke Schieferstaubwolke sich legt, bedecken dreissig Meter Schutt die ganze Talsohle, den Weiler Untertal, auch das Bauerngut der Familie Elmer. Elsbeth und ihre beiden Kinder überleben. An ihrem Standort bleibt der verheerende Luftdruck aus. Sogar die „Tschöcheli", die kleinen Heuhaufen, die wegen der Nässe in ihrer Umgebung aufgeschichtet liegen, sind noch intakt.

Elsbeth wankt mit ihren Kindern in die Camperduner Alphütte. Sie sei in einer Nacht schneeweiss geworden. Am kommenden Tag klettern sie über den Schuttkegel. Ein zerfetztes Glarnertüchlein und ein verbogener Zweifränkler sind die einzigen Fundstücke, die sie mit ihrer Vergangenheit verbinden. Sie finden Aufnahme bei Verwandten im Weiler „Schwändi" nördlich von Elm. „Dank ihrer schnellen Beine rettete Elsbeth Elmer ihr Leben und das Leben ihrer Kinder", schreibt Albert Heim im Bergsturzbuch. Ohne sie könnte auch ich nicht von ihr erzählen – sie war meine Urgrossmutter.

## Ein berüchtigter Läufer

Mein Vater Paul Vosseler ist ein berüchtigter Läufer. Selbstverständlich ist das nicht. Mit 27 Jahren überfährt ihn der Lieferwagen einer Metzgerei am Blumenrain in Basel – offener Oberschenkelbruch ist die Folge. Lange muss er im Spital liegen. Paul mag mit seinem Doktorexamen und seiner Heirat die Genesung nicht abwarten. Er promoviert und heiratet im Spitalbett. Der in einer Kutsche anfahrende Zivilstandsbeamte fragt bissig, ob die Vosselers denn heiraten *müssten*. Das Bein wächst schlecht zusammen. Es ist sechs Zentimeter kürzer als das gesunde. Dennoch rennt der Geografielehrer und -professor seinen Schülern und Studentinnen regelmässig davon. Er ist schon fast 60, als seine zweite Frau Maria meinen Bruder Beat und ein knappes Jahr später mich zur Welt bringt. Doch sein Tempo ist ungebrochen. Er nimmt uns mit auf Exkursionen. Wir wandern an Sonntagen, durstig und in zügigem Tempo auf den Gempenstollen, über den Blauenrücken, mit Pilz-Pastetli aus der Muttenzer Gemeindestube im Bauch auf den Wartenberg. Das Laufen ist Lebensstil, Lebensinhalt. Es wird sogar mit finanziellen Anreizen gefördert.

## Auch noch lukrativ

Der sonst sehr sparsame Vater setzt für jeden Schulweg vom Bruderholz auf den Münsterplatz eine Belohnung von 25 Rappen aus – ich lege zumeist viermal im Tag diese gut drei Kilometer zu Fuss zurück. So erwandere ich mir einen Wochenlohn von sieben bis acht Franken, damals eine erkleckliche Summe.

## Nachtmärsche

Ich hatte Angst, der Rekrutenschule körperlich nicht gewachsen zu sein. Das treibt mich vordienstlich auf lange Märsche. Einmal geht es von Basel nach Solothurn, ein anderes Mal von Basel auf den Zeller Blauen, die Hohe Möhr und wieder zurück bis zur Hoh Flum – an einem Tropentag; der Weg ist weit, der Durst gross. Ich rücke gut trainiert in die RS ein, nach Tesserete im Tessin. Die wegen der grossen Tageshitze abends durchgeführten Märsche erlebe ich als erholsam. Eindrücke prägen sich tief ein – Dämmerung in den Kastanienwäldern, stille Steindörfer, in denen manchmal eine Kuh „schnauft" und mit der Kette rasselt, der Duft frischen Brotes aus einer Backstube, Sternenglitzern und vom Mondsilber verzauberte Baumstämme, Lichtungen und Kapellen.

## Sonnenwanderungen

25 Jahre später entdecke ich die Lust an langen Wanderungen. Mit der Stiftung SONNEschweiz wollen wir bis in zwei Generationen unser Land energieautark machen – weg von Öl, Gas, Kohle, Uran, dank allen Formen von Sonnenenergie und optimaler Energienutzung. Wir

treffen uns ab 1993 jährlich am 1. August zu Sonnenlandsgemeinden. Dorthin gelangen wir auf einer Sonnenwanderung. 1993 führt mich der Weg von Elm auf die Alp Älggi in Obwalden, den geografischen Mittelpunkt der Schweiz, zusammen mit Bruno Manser und meiner Freundin Meret Kammer. Im Jahr darauf zieht schon ein ganzer Trupp von Erwachsenen und Kindern los, von Elm mit dem Maultier Katja ins Südtessin, nach Meride im Sotto Ceneri. Ungenügende Vorbereitung und Zeitdruck machen es zu einem abenteuerlichen Unterfangen. Am Panixerpass ereilt uns wegen schwerer Gewitter beinahe ein ähnliches Schicksal wie den General Suworow, der dort bei Wintereinbruch am 5./6. Oktober 1799 grosse Teile des russischen Heeres und fast alle Pferde verlor. Im Bedrettotal verlieren wir in einer Regennacht eine Freundin und suchen sie bis in den frühen Morgen – welche Erleichterung, als sie dann wieder unversehrt auftaucht. Kurz und gut – wir lernen daraus und nehmen uns 1995 viel Zeit. Drei Wochen dauert die Wanderung mit Barbara Hartmann und dem Maultier Fanny von Elm über den Pragelpass, Glaubenberg, Gürbental, Finsterwald nach Neuenburg.

## Gehen – gesund!

Am Schluss dieser Wanderungen fühle ich mich gesund wie noch nie. Das zügige Ausschreiten hat eine erstaunlich positive Wirkung auf die Abwehrkraft. Hormone, u. a. Endorphine, Corticosteroide, Dopamin, Serotonin, Oxytocin, werden vermehrt ausgeschüttet. Sie erhöhen die Immunabwehr. Wie oft friere ich wie ein Schlosshund! Wie oft werde ich nass! Und doch: Kein Schnupfen!

## Mit Schwung bergan

Das Maultier klettert mit viel Schwung und beachtlichem Tempo bergauf. Bergab setzt es vorsichtig und gemächlich Huf vor Huf. Diese Gangart verschafft ein ideales Intervalltraining. Körperfett aufgebraucht, Leib und Geist durchlüftet, beglückt von der Kette gastfreundlicher Begegnungen – fast alle Bauern lebten in der Jugend mit Mulis oder Pferden. So nehmen sie uns auch wegen unserer Tierbegleitung bereitwillig und gastlich auf. Mit diesem guten Lebensgefühl frage ich mich nach der letzten Sonnenwanderung: Wo soll es dann als nächstes hingehen?

## Jakobsweg

1999 schreibt mir ein Freund, René Sager. Er beabsichtigt, den Pilgerweg von Konstanz nach Santiago de Compostela unter die Füsse zu nehmen. Ob ich mitkäme oder ihn zumindest auf einem Teil der Wanderung begleiten möchte? Ich habe viel von diesem traditionellen Pilgerweg gehört. Ich bin begeistert von Renés Idee. Von Konstanz nach Moissac wandern wir allein und zu verschiedenen Zeiten; ab Moissac pilgern wir gemeinsam. Ab Burgos stösst ein deutscher Theologiestudent, Alexander Ruf, noch zu uns.

Wieder Aufbruch. Zehn Wochen sind wir unterwegs. Was für ein Glücksgefühl, mit jedem Schritt in Verbindung mit Mutter Erde zu treten. Mit einem Pirol führe ich an einem sonnigen Morgen in einem Gehölz in Frankreich ein Zwiegespräch. Minutenlang flöten wir uns glatt gedrechselte Pfeifstrophen zu.

## Die tröstende Eiche

Einmal schicke ich René voraus, um in Ruhe zu zeichnen. Dann folge ich ihm allein nach. Plötzlich sehe ich im Dunst die Pyrenäen vor mir. Nach den Wochen zu Fuss durch die Schweiz und Frankreich bewegt mich das Erscheinen dieser Berge tief, dieses Randwalls meiner weiteren Heimat. Der Schmerz über die Trennung von meiner Freundin Meret bricht noch einmal auf. Da steht eine uralte, hohle Eiche in der Nähe eines Bauernhauses. Ich trete in sie ein, ihr Stamm umhüllt, birgt mich; und da kann ich richtig losheulen. Erleichtert ziehe ich weiter – es hat die auftauchenden Berge, die gute Eiche und das Alleinsein gebraucht, um an diese Gefühle heranzukommen.

## Einen Tisch für den Pilger!

An einem Sonntagmittag streune ich wie ein hungriger Wolf durch ein Dorf vor Le Puy. Die Läden sind natürlich geschlossen. Kein Mensch weit und breit. Plötzlich stehe ich vor einem Restaurant. Ah, die sind alle da drin! Durch die grossen Fenster erblicke ich eine tafelnde Menschenmenge. Als ich eintrete, mustert mich die Wirtin mit Walkürenfigur, lilaroten Haaren, im rosaroten Dress. Sie sieht meinen Wanderstab. Die Jakobsmuschel baumelt an meinem Rucksack. „Sind Sie Jakobspilger?" Und dann: „Une table pour le pèlerin!" (Einen Tisch für den Pilger!) ruft sie mit sonorer Stimme in die Küche. Ein Tischlein wird irgendwo geholt und im überfüllten Lokal platziert. Ich sei Vegetarier. „Pas de soucis!" (Keine Sorge). Zuerst sitze ich da, entsetzt, wie an den Nebentischen an Vögeln und Froschbeinen herum-

genagt wird. Ich fühle mich allein, isoliert, abgeschottet. Da sage ich mir: Hör auf zu urteilen! Freue dich, dass du etwas zwischen die Zähne bekommst! Plötzlich fühle ich mich mit den anderen Gästen verbunden. Sie müssen es auch gemerkt haben, z.B. die Festgesellschaft am Nebentisch, die den 60. Geburtstag einer kleinen, von Leben sprühenden Dame feiert. Sie drehen sich nach mir um, neigen sich zu meinem Tischchen, fragen nach dem Wandern.

Nun beginnt das Tischlein-deck-dich. Ich habe lediglich an eine Suppe gedacht; aber nein, da wird ein Viergang-Menu aufgefahren. Zuerst gibt es einen üppigen Salat, dann Pilz-Pastetli, eine Gewürz-Omelette, le Fromage, den Coupe Danemark. Ein Hochgenuss bei solchem Hunger und Durst; und als ich zahlen will: „Un instant, mon pèlerin." Die Wirtin klingelt ans Glas, alles verstummt. „Dieser Mann aus der Schweiz ist auf dem Weg nach Santiago de Compostela, 2500 km im Ganzen. Je ne suis pas seulement la patronne ici, ich bin auch Sängerin, vous savez. Je chante une chanson pour lui!" (Ich singe ein Lied für ihn). Und dann schmettert sie mit schmelzender Stimme, die Hände vor ihrem tiefen Ausschnitt ringend: „Pèlerin, pèlerin, suit mon chemin, suit mon chemin." (Pilger, folge meinem Weg). Bevor ich weiterziehe, küsst sie mich, dreimal auf beide Wangen. Und voller Energie breche ich wieder auf. Immer wieder winken mir im Laufe des Nachmittags vorüberfahrende Gäste zu.

## Vandalismus

Am Abend vor der Ankunft in Santiago de Compostela frage ich in einem Restaurant, was sie einem Vegetarier zu bieten hätten. „Patate y carne!" (Kartoffeln und Fleisch) die prompte Antwort der Wirtin. Und Salat? „Oh, doch", meint die Wirtin, einen schönen Salatteller könne sie mir schon machen. Nach einer Weile kommt sie mit einem wahren Kunstwerk: Eine grosse Platte ist belegt mit verschiedenen Salaten, Früchten, Käsesorten, Nüssen – nach Form und Farbe kunstvoll arrangiert, eine Augenweide! „So ein Kunstwerk kann ich nicht essen. Das wäre Vandalismus in Reinkultur," gebe ich zu bedenken. „Ja, schon. Die meisten Gäste, denen ich meine Salatplatte präsentiere, fotografieren sie, bevor sie sie essen." „Nun, ich habe keinen Fotoapparat dabei; aber ein Aquarell mache ich noch so gern." So male ich den Augenschmaus in mein Reisebüchlein. Dabei läuft mir das Wasser immer mehr im Mund zusammen. Als ich fertig bin, ist Frau Wirtin entzückt. Sie ruft die ganze Familie. Ehemann, Eltern, Kinder beugen sich über mein Bild. Sie signiert es noch mit kunstvoll geschnörkelter Schrift, bevor ich mich an mein genüssliches Vandalenwerk mache.

Während diesen zehn Wochen eine unvergessliche Begegnung nach der anderen, mit sehr vielen hilfreichen, nur sehr wenigen abweisenden Menschen, Begegnungen mit zahllosen Wundern der Natur, mit Schnarch-Konzerten in Massenlagern, mit Geschichte und Kultur. Und am Ende der Reise die Frage: Wohin führt mich die nächste Wanderung?

## Landschaftstrunken

Wenn ich weite Distanzen zurücklege, erlebe ich intensiv, wie reich ich beschenkt werde. Wenn ich zu Fuss daherkomme, begegne ich den Menschen auf einer persönlichen, ihre Hilfsbereitschaft weckenden Ebene. Die Wunder der Natur – Tiere, Bäume, Landschaften – nehme ich mit allen Sinnen wahr. Ich bekomme mit, wie die Landschaft wechselt, wie sich Baustile und Sprachgewohnheiten ablösen, welche Spuren die Geschichte hinterlässt – da ist viel Lernen, auf mühelose Art. Ich fühle mich oft euphorisch, landschaftstrunken. Beim Gehen kann ich für einmal mein ganzes Potenzial ausschöpfen. Ich bin ein Wesen, das Bewegung braucht – wie ein Hund, ein Pferd. Mein Körper freut sich, in diesem Ausmass und in dieser Art gebraucht zu werden. In diesem Sinne fühle ich mich auch mit den Pilgern des Mittelalters verbunden. Sie sollen täglich ebenfalls 50 bis 60 km gewandert sein.

## Erdverträglich

Und vor allem: Dem Anspruch, meinen $CO_2$-Ausstoss gegen Null herunterzubringen und mit meinem Lebensstil keine radioaktiven Abfälle zu erzeugen, werde ich auf meinen langen Wanderungen nahezu gerecht; auf belebende und sinnlich reichste Art! Schon – die Nahrungsmittel, mein Brennstoff, werden oft von irgendwoher herangekarrt. Die heisse Dusche am Abend genügt auch nicht immer der reinen Lehre des 0 %; und doch, in den vielen Stunden, während denen ich durch die Weite ziehe, lebe ich absolut erdverträglich.

Basel – Jerusalem

# Basel – Bethlehem

I Habens dir s Radel gschtohlen?
Basel – Wien: 28.6.–28.7.2003

## Warum zu Fuss nach Jerusalem?

Am 24.6. kommt eine Equipe von Telebasel, dem Basler Lokalfernsehen. Sie wollen über meine Reise im Voraus berichten. Sie fragen mich: „Was bewegt Sie, eine Strecke, die ein Flugzeug in gut zwei Stunden zurücklegt, während sechs Monaten unter die Füsse zu nehmen?"

Das Wandern ist für mich ein Gebet mit Leib und Seele – für das Wunder, das uns erdverträglich werden lässt. Auch will ich zeigen: Ich komme ohne Brennstoff auf dem Festland fast überall hin, wenn ich mir genügend Zeit nehme. Dabei erlebe ich so viel wie sonst nie. Auch komme ich mit sehr vielen Menschen ins Gespräch über die Existenz-Fragen, die mir Priorität sind; überdies ist diese Art von Reisen extrem gesund – kurzum: Was mir gut tut, tut auch dem Planeten gut!

Warum Jerusalem? Was klingt da nicht alles mit? Magnetisch hat dieser Ort jahrtausendelang Völkerscharen angezogen. Kreuzritter, Pilgerströme, Touristinnen besuchen die heiligen Stätten. Wiege dreier verschwisterter Weltreligionen, die alle vom gleichen Abraham abstammen – Judentum, Christenheit, Mohammedaner. Und erst noch in einer Gegend, wo schon heute Verteilkämpfe um Macht und Land, um knapper werdende Ressourcen wie Öl und Wasser toben. Und Bethlehem:

„I will go s Schtälli bschaue", (ich will den Stall anschauen gehen) singen wir als Kinder an der Weihnachtskrippe. Zudem sind diese Orte in den sechs Monaten, während denen ich unterwegs sein möchte, gerade etwa zu erreichen.

## Die ersten Schritte

28.6.2003. Samstagnachmittag. Es schlägt zwei Uhr von der Pauluskirche in Basel – Aufbruch. Mit der fast 5000 km langen, vor mir liegenden Wanderstrecke, den etwa sechs Millionen Schritten vor den Füssen und dem weit entfernten Ziel vor Augen ziehe ich wie ein Fremder durch die vertraute Stadt. Einige Freundinnen und Freunde begleiten mich, die einen bis zum Barfüsserplatz, andere bis zum Münster, einige bis Rheinfelden, und Rebekka bis Möhlin, dem Etappenziel des ersten Tages. Sie ermöglichen es – der Abschied wird ein emotionales Ausschleichen aus der Heimat, ein Loslassen in Raten.

## Den Rhein entlang

Und dann der Rhein. Der heimatliche Fluss verbindet die Berge mit dem Meer. In grossem Schwung biegt er hier nach Norden. Er wird mich ein paar Tage leiten, begleiten, kühlen, freuen. Er weist die allgemeine Richtung nach Osten. Ich werde der Ostrichtung einige Wochen treu bleiben, bis zur österreichisch-slowakischen Grenze. Dort biegt der Weg nach Südosten, folgt dann dieser

Richtung mehrere Monate lang, bis dann die Schritte ganz der Südrichtung folgen werden.

### Ein Grund, zurückzukommen

Tenue-Erleichterung beim Letziturm – die langen Jeans verschwinden für lange Zeit im Rucksack und machen den Turnhosen Platz. Katharina, eine junge Frau mit blauen, lachenden Augen, braunem Gesicht unter ihrem kurzen, blonden Haar, geht an uns vorüber. Sie kehrt um und ruft: „Tolle Idee, nach Jerusalem zu laufen. Ich habe im Lokalfernsehen davon gehört. Wenn Sie zurück sind, kommen Sie ins Kaffee Papiermühle. Sie haben einen Kaffee und ein Stück Schokoladekuchen zugut!"

### Bruno Manser mit uns

Das Singen begleitet mich von Basel bis Jerusalem. In Augst, auf einer Wiese am Rhein, singen wir „Sing Hallelujah to the Lord" und „Aller Augen warten auf Dich" von Heinrich Schütz.

Bruno hat mich wieder zum Singen gebracht. Bruno Manser hat sein Leben für die Urwaldnomaden, für die Penan und ihren Lebensraum in Sarawak, Borneo, eingesetzt. Seit 2000 ist er dort verschollen. Wenn wir am Morgen oder am Abend zusammen waren, sangen wir jeweils sein Morgen- oder Abendgebet: „Du Schöpfigschraft, wo Lääbe schafft, füehr Du uns hütte uf em Wääg. Loss Du unseri Seel in Liebi zu allne Wäse wandle. Wo Schmärz, do lindere Du! Wo Hunger, do schtill Du! Wo Schtryt, do schlicht Du! Du, mir alli mitenand". *(Du Schöpfungskraft, die Leben schafft, führ uns heute auf dem Weg! Lass Du unsere Seele in Liebe zu allen Wesen*

*wandeln. Wo Schmerz, da lindere Du! Wo Hunger, da still Du! Wo Streit, da schlichte Du! Du, wir alle miteinander.)*

Wir sangen auch regelmässig während der Fastenaktion in Bern im Frühjahr 1993. Wir lehrten uns gegenseitig Lieder; und immer wieder trafen wir uns zum Singen in der Sakristei der Peterskirche oder in der Krypta der Basler Leonhardskirche in Basel. Seit Bruno im Mai 2000 verschwunden ist, fehlen mir Bruno und das Singen mit ihm sehr. Tief dankbar bin ich, mit Rebekka wieder singen zu können.

### Rebekka

In Rheinfelden erfrischen wir uns im warmen Solebad. Danach kehren alle um, ausser Rebekka. Rebekka – Schamanin, uralte Seele, Künstlerin, Hebamme.

Zu zweit wandern wir durch den warmen, hellen Abend nach Möhlin, wo wir bei Kurt, Jacqueline und Claudio Beretta den Riesenhunger stillen, den Bärendurst löschen und übernachten können. Todmüde sinken wir ins Bett. Gegen Morgen spüre ich Rebekkas Arm – sie streckt mir ihre zärtliche Hand entgegen.

### Hitzesommer

Zum Glück habe ich gern heiss – die Luft flimmert vor Hitze. Dieser Sommer 2003 hat es in sich. Nur zwei Gewitter und ein Regentag bis im Oktober, sonst heisses, schönes Wetter. Der Halbschatten des Rheinuferwegs mildert die Glut. Schwarzblaue, metallisch schimmernde Libellen tanzen über dem Weg. Vom Waldrand oberhalb Schwaderloch schweift der Blick weit über das Rheintal und bleibt am Kühlturm des Atomkraftwerks

Leibstadt hängen. Ich beziehe ein Zimmer im Gasthaus der Familie Fritz. Ich nehme ein Bad und geniesse einen Salatberg. Ich wasche die schweissnassen Kleiderlumpen – die noch kräftige Abendsonne trocknet sie in wenigen Minuten. „Wohin geht's denn?", fragt Frau Fritz – ein Frage- und Antwortspiel, das mich ein halbes Jahr begleiten wird. „Ein langer Strich …", meint sie nachdenklich.

## Erneuerbare Energie

Ich staune über die Regenerations-Fähigkeit des Körpers. Gestern todmüde, ausgetrocknet. Zwölf Stunden tiefer Schlaf – und Körper und Seele sind erfrischt und drängen auf den Weg. Doch zuerst gibt es ein üppiges Frühstück mit dick geschnittenen Schwarzbrotscheiben, Butter, so dick aufgestrichen, dass die Zähne gut sichtbar werden, Käse, Honig, ein paar Tassen Milchkaffee. Das ist der Brennstoff für meinen Körper, diesen treuen Sonnenorganismus. Achtsam geniesse ich das köstliche Bauernbrot, denke daran, wie viele Menschen mitwirken, bis es hier auf dem Tisch steht, wie viele Sonnenstunden, wie viel Wasser es braucht, bis das Korn reif wird. Dasselbe beim Käse, bei der Butter, beim Honig – für ein Kilogramm Honig sollen Bienen über 100 000 Flugkilometer zurücklegen! Was für ein Genuss diese Brennstoffaufnahme vermittelt!

## Vergangenheit und Zukunft

Im Schatten des Kühlturms von Leibstadt. Der Moloch dampft, beschützt von einem Zaun mit Stacheldraht. Gegenüber auf der deutschen Seite ist das ganze Dach

eines Spitals mit Sonnenkollektoren bedeckt. Hier die gefährliche Vergangenheit, dort die sanfte Zukunft.

Ja, wir können nur neidisch über die Grenze blicken. Dort ist der Atomausstieg beschlossene Sache; nur über den Zeitpunkt wird neuerdings wieder gestritten. Dank einem klugen Gesetz, das einen guten Preis für dezentral produzierten Strom garantiert, haben die letzten Jahre Deutschland einen Boom im Bereich der erneuerbaren Energien beschert. Dank diesem Energieeinspeise-Gesetz (EEG) sollen in Deutschland 280 000 Arbeitsplätze geschaffen worden sein. Immer wieder erblicke ich im Norden des Rheins grosse Solarkraftwerke auf Scheunen- und anderen Dächern.

## Solargerüchte

Mit Erdöl, Gas, Kohle und Atomstrom werden immer noch gewaltige Geschäfte gemacht. Wenige Firmen und Einzelpersonen erzielen unvorstellbare Profite. Sie setzen alles daran, dass es so bleibt. Viel wurde unternommen, die Entwicklung der erneuerbaren Energien zu verzögern, ja, aufzuhalten. Mit gigantischen Werbe-Budgets wurden in der Schweiz beinahe alle Volksbegehren zur Förderung von erneuerbaren Energien und Energie-Effizienz abgeschmettert; und es wurden systematisch Gerüchte verbreitet, die die Nutzung der Sonnenenergie in all ihren Formen als ungeeignet und unbedeutend erscheinen lassen – dies, obwohl bereits in den späten Fünfzigerjahren mit Solarmodulen bestückte Weltraumsonden ins Weltall starteten.

Die Solarenergie sei unausgereift und nicht im grossen Stile anwendbar, hören wir immer wieder. Auch sei sie viel zu teuer. Dabei wird nicht erwähnt: Beim Preis-

Rhein unterhalb Kayserstuhl, 30. 6. 2003

vergleich werden oft Brennstoffkosten, Folgekosten wie Abfall-Lagerung während Jahrmillionen, Versicherungskosten für Gross-Risiken und Staatssubventionen für Atomkraftwerke nicht berücksichtigt. Nach jedem Vortrag wird mir auch die Frage nach der grauen Energie von Solar- und Windanlagen gestellt. Der Irrglaube ist verbreitet, sie bräuchten mehr Energie zur Herstellung als sie je wieder hereinholen könnten. Unfassbar! Wird die Frage je bei Atomkraftwerken, Ölheizungen und Autos gestellt? Nie! *Dies* sind Maschinen, die nie eine positive Energiebilanz erreichen. Nur in Bezug auf *eine* Produkte-Palette wird die Frage ständig und immer wieder gestellt: Bei den wenigen von der Menschheit hergestellten Produkten, die in einem Zeitraum von einem Jahr bis wenigen Jahren die graue Herstellungsenergie bereitstellen und ab dann eine positive Energiebilanz aufweisen, d.h. mehr Energie ernten, als sie verbrauchen.

Es ist ein langer und schmerzhafter Weg von der Energie-Monopolwirtschaft zur Energiedemokratie. Doch ist er unausweichlich.

## Das Minimum

Was trage ich nach Jerusalem? Das Minimum. Beim Wandern werde ich wählerisch. Da kommt nur mit, was ich wirklich brauche. Alles Angenehme, aber nicht Lebensnotwendige wird stehen gelassen. Diese Beschränkung aufs Wesentliche ist ein Teil des Glücksgefühls unterwegs. Da sind mein Rucksack, gelb-schwarz, mittelgross; der lange Haselstecken, den mir Bruno Manser geschnitzt hat; daran flattert ein Fähnchen mit Sonnenblume und dem Motto „There is enough sun for all of us"

(Es hat genug Sonne für uns alle); eine grosse Stoff-Sonne für den Rucksack – beides gestickt von Sylvia Frey Werlen; Übersichtskarten der am Wege liegenden Länder; das Buch „Auf dem Jakobsweg durch Österreich"; Sandalen, Pullover, Windjacke, Sturmhosen und Regenhülle für den Rucksack; Regenschirm, Malbuch, Tagebuch, Schreib- und Malzeug, das Messer, mit Klinge, Löffel und Gabel; Karottenschäler; Turnhosen, zwei T-Shirts mit Blume und Motto. Einmal auf Englisch, einmal auf Arabisch – Rima Badeen von Radio Basel 1 hat mir über ihre palästinensischen Eltern die Schriftzüge vermittelt. Nähzeug, kleine Reiseapotheke, Kerze; Signalpfeife; Mobil-Telefon; Video-Kamera mit Zubehör.

## Koblenzer Laufen

Bald tauche ich in die urwüchsige Naturlandschaft des Koblenzer „Laufen" ein. Wir reisen zum Grand Canyon, an die Niagara-Fälle, auf die Seychellen und ans Nordkap. Wer kennt hingegen den Koblenzer Laufen – zwei Tagesetappen von Basel und Schaffhausen entfernt? Der Rhein weitet sich, strömt und rauscht zwischen natürlichen Ufern, ringsum wilder Wald, Nagelfluhfelsen, für einmal kein Kraftwerk, keine Strasse, keine Häuser, nur wilde, unberührte Schönheit. Der weiche Waldweg führt immer wieder an den Fluss. Knorrige Wurzeln geben ihm Halt. Kleine Buchten mit Kies und Sand laden zum Baden ein.

## Sandalen

Eine Frau und ein Mann wollen baden und ziehen sich um. Sie löchern mich mit vielen Fragen: Wohin? Welche Route? Ja, wo übernachten Sie? Den ganzen Weg allein? Haben Sie keine Angst? Da kann doch so viel passieren? Und immer in Sandalen?

Ja, Sandalen. Es ist nicht der Anspruch, mit dem Schuhwerk der Propheten umherzulaufen. Auch kein Birkenstock-Protest eines Alternativen. Es ist reine Bequemlichkeit. In hohen Schuhen und Halbschuhen schmerzen meine Füsse bald. In Turnschuhen bekomme ich Hitzestau; und so merke ich allmählich auf meinen Wanderungen: Sandalen sind die Lösung für mich. Mit einem Paar Teva-Sandalen komme ich von Basel bis Kirklareli in der Türkei, ca. 2200 km. Zwar gähnen schon in Ungarn ein paar Löcher in der Sohle. Immer wieder verkriechen sich auch kleine Steine in den Löchern, die es herauszuklauben gilt. So kaufe ich in Mako ein Paar stattliche, ungarische Sandalen; denn die Marke Teva finde ich in keinem Geschäft. Ich trage sie aussen auf meinem Rucksack wie kleine Rettungsboote durch ganz Rumänien und Bulgarien. Aber die Teva-Sandalen geben ihren Geist erst in der Türkei auf. Die ungarischen Sandalen sehen zwar solide aus und sind auch sehr bequem. Aber schon in Ankara, nach 600 km, machen sich die Sohlen selbständig, und ich ertappe mich dabei, wie ich das Lied „Stiefeli muess schtärbe, isch no so jung, jung, jung" (das Stiefelchen muss sterben; ist noch so jung, jung, jung) summe. In Ankara beginnt eine gründliche Suche nach Teva-Sandalen. Erfolglos. Im letzten Schuhgeschäft rät mir der Verkäufer, es doch einmal beim Grossverteiler Migros

zu versuchen. Ich finde einen grossen MMM-Markt – und wirklich: Auf einem Gestell für Freizeitbekleidung lächeln mich zwei hübsche Sandalenpaare an, das eine mit blauen Kunstwildleder-Riemen, das andere eher sportlich mit grauer Kunststoffsohle und mehrfarbigen Stoffriemen. Beide Paare sind mit 25 Millionen türkischen Lire angeschrieben, was 25 Schweizerfranken entspricht. Sie passen gut. Ich komme zur Kasse. Ich frage die Verkäuferin, ob die Schweizer Migros-Cumuluskarte, eine Kundenkarte, auch hier in der Türkei gültig sei. „Für Sie schon", lacht sie mich strahlend an, und gibt mir 50 % Rabatt. Die blauen Sandalen reichen bis Damaskus. Das zweite Paar hält dann bis zur Rückkehr in die Schweiz.

Später stellt mir Franz Ammann vom MBT-Shop in Basel Masai Barefoot Technology-Sandalen zur Verfügung. Damit habe ich das Schuhwerk gefunden, das mir voll und ganz entspricht. Die gerundeten Sohlen ermöglichen einen bequemen, fast rollenden Gang. Zurück an den Rhein.

## Fährfrau mit Kind

Gegenüber Ellikon kann mit Glocke und rotem Knopf die Fähre angefordert werden. Ich läute wacker, drücke den roten Knopf. Nichts regt sich drüben. Ich läute und drücke noch ein zweites Mal. Eine junge Frau mit kleinem Kind tritt am anderen Ufer aus dem Haus und steuert die Fähre herüber: „Ja, ja, ich habe Sie schon gehört. Sie hätten ja fast die Glocke ausgerissen; aber ich musste das Kind noch anziehen." Der Weg passiert das Fundament eines römischen Wachtturms, Teil des Limes, des Grenzwalls, der dem Rhein entlang verläuft. Ein Reh schaukelt über den Weg. Drei kräftige Pferde weiden auf einer eingezäunten Wiese, alle drei mit weissem Fleck auf der Stirn. Eines von ihnen trabt zu mir, als ich es rufe. Ich streichle die warmen, weichen Nüstern, bevor sie eine Möhre einziehen und die Zähne sie knacken. Der Rhein ist hier ruhig, fast unbewegt, die Waldufer streben steil empor. „Ein Wanderer kommt, José!", kreischt eine warnende Stimme. José ordnet gerade seine Hose, als ich um die Ecke biege – seine Freunde warten etwas abseits.

## Ohne Sonne kein Rheinfall

Der Rheinfall – immer wieder überwältigt diese Naturkraft, die da hinabdonnert, angetrieben von der Sonne.

Die Sonne – unser Wärme, Licht, Leben spendendes Gestirn. Was für ein Wunder! Eine Gaskugel von 1,4 Mio km Durchmesser (etwa 3,6-mal die Entfernung Erde – Mond). Sie ist 150 Millionen km von der Erde entfernt. Ein Flugzeug mit einer Geschwindigkeit von 1000 km/h müsste also 17 Jahre ununterbrochen fliegen, bis es diese Distanz zurückgelegt hat.

Sonnenenergie entsteht durch Kernfusion. Dabei wird im Zentrum des Himmelskörpers Wasserstoff in Helium umgewandelt – laut Einstein pro Sekunde 564 Millionen Tonnen Wasserstoff in 560 Millionen Tonnen Helium und 4 Millionen Tonnen Materie in Energie. Die Temperatur im Sonneninnern beträgt etwa 14 Millionen °C. Nach aussen fällt sie bis auf 5000 – 6000 °C ab. Die im Zentrum der Sonne durch Kernfusion freigesetzte Energie benötigt rund zehn Millionen Jahre, um die Sonnenoberfläche zu erreichen. Sie bewegt sich auf zufallsbedingte Art und Weise nur Zentimeter um Zenti-

meter vorwärts. In acht Minuten erreicht das Sonnenlicht die Erde.

In 40 Minuten sendet die Sonne die Energie auf die Erde, die dem gesamten jährlichen Weltenergieverbrauch entspricht. Für uns wird sie in Form von Licht sichtbar und als Wärme spürbar, die Quelle allen Lebens auf unserem Planeten.

Die Sonne ist nicht „unsterblich". Ihre Lebensdauer wird rund 10 Milliarden Jahre betragen. Bei einem geschätzten derzeitigen Alter von 4,5 Milliarden Jahren ist sie gleichsam in ihrer Halbzeit angelangt. Gegen Ende ihrer Existenz wird sie sich ausdehnen, zu einer sog. „roten Riesin" werden, 50-mal grösser, 300-mal heller als heute. Die Oberflächentemperatur wird auf etwa die Hälfte absinken. Wenn sie ausgebrannt ist, wird sie sich zusammenziehen, ihre Helligkeit verlieren und zu einem jener Phantomsterne werden, von denen das Universum voll ist. Wir haben noch Zeit, viel Zeit.

Ohne Sonne kein Rheinfall, ohne Sonne kein Rhein, kein Wasser, kein Baum, keine Blume, kein Tier, kein Mensch. Ohne Sonne läge die Temperatur auf der Erde bei etwa minus 240 °C. Ohne Sonne gäbe es nichts zu essen, nichts zu trinken. Wir könnten uns nicht bewegen, nichts machen, nicht denken, nichts, nichts, nichts. Ohne Sonne nichts. Wie nennen wir doch immer wieder diese Hauptenergie, die unerschöpfliche Energie unseres zentralen Gestirns? „Alternativenergie" – ich zucke jedes Mal zusammen, wenn ich dieses Wort höre. Alternativ – in Bezug worauf? Auf die so genannten „konventionellen" Energieträger – Öl, Gas, Kohle, Uran? Gemessen an der solaren Hauptenergie ist der Anteil dieser Brennstoffe verschwindend klein. Und mit diesem verschwindend kleinen Teil vergiften wir unsere dünne

Bodensee, 3. 7. 2003

Troposphäre, sind drauf und dran, unseren Planeten für unsere Spezies unbewohnbar zu machen. Alternativ? Strickpullover, Birkenstocksandalen, Jutetaschen, Sonnenenergie? Ja, die Alternative, die einzige. Auf alle Fälle: Ohne Sonne kein Rheinfall.

„Sie haben einen schönen Arbeitsplatz", rufe ich der blonden, bebrillten Frau im Kiosk zu. Sie bedient ihre Kundschaft mit direktem Blick auf den Rheinfall. „Den schönsten in ganz Europa!", lacht sie zurück.

## Indianerschritt

Oft wende ich einen Intervallschritt an – bei Strecken, die ich schneller hinter mich bringen will: stark befahrene Strassenstücke, letzte Etappen vor einer Unterkunft, die ich bei Tageslicht erreichen möchte, landschaftlich monotone Abschnitte in den osteuropäischen Ebenen. Fünfzig zügige Normalschritte wechseln mit hundert Laufschritten ab. Während der Normalschritte erholt sich der Körper von der Mehrbelastung der Laufschritte. Das leise Zählen der Schritte hilft mit, in einen regelmässigen Rhythmus zu kommen. Gewisse Indianerstämme sollen diese Laufart benützt haben, um grössere Distanzen zurückzulegen. Ich messe einmal, wie weit ich in einer Stunde komme: Im Normalschritt sind es 6,2 km, im „Indianerschritt" jedoch 8,5.

## Doch nicht der Kreuzritter

Der Bodenseeweg führt über das Gelände der psychiatrischen Klinik Münsterlingen. Wie ich da zwischen den Pavillons hindurchgehe, kommt mir in den Sinn: Hier ist Karl Studer Chefarzt. Jahrelang saßen wir im Ärzte-

orchester „I Medici" zusammen. Ich habe Lust, ihn zu besuchen. Im 1. Stock des Chefpavillons treffe ich auf Frau Iseli, Karls Sekretärin. „Guten Tag, ich bin auf dem Weg nach Jerusalem, zu Fuss. Ich hätte gern Prof. Studer besucht. Wir haben früher zusammen musiziert." Frau Iseli mustert mich und bittet mich höflich-zurückhaltend, im Gang Platz zu nehmen. Es dauert eine Weile, bis sie den Chef am Draht hat. „Da ist jemand, der Sie sprechen möchte. Er ist auf dem Weg nach Jerusalem", sagt sie milde, mit einem Seitenblick zu mir.

„Ach, Du bist es!", ruft Karl lachend, als er mir entgegenkommt. „Komm herein!" Sein geräumiges, helles Büro mit Blick auf den See erinnert an eine Kapitänskajüte auf einem grossen Schiff. „Weisst Du, da war einmal ein Patient. Den zog es magisch nach Jerusalem, eine Art moderner Kreuzritter. Er schaffte es bis Rhodos, wo er ein multireligiöses Zentrum aufbauen wollte. Mit der Zeit wurde er wieder heimspediert. Nun habe ich gemeint, der ‚Kreuzritter' wolle mir einen Besuch abstatten."

## Wirklich verrückt

„Nicht gerade schön, so im Regen zu laufen", meint der Polizist Kaspar Freuler, auch er ein Glarner, der vor Heiden den Streifenwagen vor seinem Einfamilienhaus parkiert. „Da kommen auch bei gutem Wetter nicht viele Wanderer vorbei. Einmal kam einer – der war wirklich verrückt. Der hat immer wieder gesagt: ‚Ich bin vor euch allen in China.'"

## Doch noch filmen

Im Rheintal übernachte ich bei Freunden, der Arztfamilie Planzer in Marbach. Dort packe ich die Videokamera aus, die ich am Tage vor meinem Aufbruch in Basel erstanden habe. Wie komme ich dazu, eine Kamera zu kaufen? Ich erzähle Willy Surbeck, dem Chef von *Telebasel*, von meinem Plan, nach Jerusalem zu wandern. „Schick uns Bilder, Filmkassetten. Wir machen Beiträge für die Sonntagsnachrichten daraus."

Eine ausführliche Gebrauchsanweisung liegt der Kamera bei. Ich fühle mich meist hilflos bei diesen dicken Broschüren. Probieren geht über Studieren, sage ich mir. Ich lege eine Kassette ein, drücke ein paar Knöpfe, komme so aber nicht weit. Ich komme nicht darum herum, die Passagen über Bildaufnahme und Bildwiedergabe zu lesen. Je länger ich mich vergeblich abmühe, desto klarer reift der Entschluss: Ich schicke die ganze Ausrüstung zurück. So erleichtere ich mein Gepäck um fast ein Kilogramm – auf die lange Distanz gesehen wäre das eine grosse Erleichterung; und überhaupt – was soll ich Sklave dieser Kamera werden? Lieber mehr zeichnen. Die Kamera wird mir ja sowieso irgendwo gestohlen – die sind ja überall sehr begehrt …

Während ich beim Hantieren all diese Gedanken wälze, erscheint plötzlich Brunos Stock auf dem kleinen Bildschirm; sogar in guter Beleuchtung, obwohl das Licht im Raum recht spärlich ist. In dem Fall – ich versuch's doch; und schnell wächst in den kommenden Tagen die Freude am Filmen. Jede Woche sende ich ein bis zwei Kassetten per Post an Telebasel, insgesamt 36 Filme. Erstaunlich: Alle Kassetten kommen fristgerecht an, ob ich sie nun in der Hauptpost in Timişoara,

an einem winzigen Postschalter in Syrien oder im grossen Postgebäude in Jerusalem aufgebe. Die Redaktion verdichtet den Kasetteninhalt jeweils zu einem drei- bis fünf-minütigen Beitrag für die Sonntagsnachrichten. So entstehen von Basel bis Bethlehem 24 Beiträge. Sie werden nach meiner Rückkehr zu einem „Road Movie" zusammengestellt, einem zusammenhängenden Film, zu sehen auf der DVD, die diesem Buch beiliegt. Als Regel gilt: Es werden beim Schneiden nur Bilder und Geräusche verwendet, die ich geliefert habe.

## Verirren im Grenzbereich

Es regnet in Strömen, als ich von Marbach losziehe. Ein älterer Herr meint: „Optimist, he?" „Wenigstens angenehm kühl zum Wandern." „Hab ich's doch gesagt", lacht er mich an. Die Rheinebene neblig, Herbststimmung. In Koblach überquere ich Rhein und Grenze. Dann irre ich eine Weile im Grenzbereich umher. Ich suche einen Wanderweg, der auf der Karte eingezeichnet ist, gerate jedoch in ein Schrebergartengebiet. „Wottsch e Schnäpsli?", ruft mir ein Mann mit breitrandigem Hut und roten Bäcklein durch seine Johannisbeer-Büsche zu. Als ich ablehne, zupft er mir vier frische Karotten aus und streckt sie mir mit dem Kraut entgegen. Nach längerem Umherirren habe ich die Orientierung völlig verloren. Vor einem Bauernhaus in der Au sind Vater und Sohn mit dem Beladen eines Anhängers beschäftigt. Mit ihren Auskünften bringen sie mich wieder auf den Weg. Ein Fahrradweg führt parallel zur Hauptstrasse nach Feldkirch. Ich habe mit Franz Josef Koeb vom Österreichischen Rundfunk abgemacht, uns in einem Restaurant zu treffen, wo er ein Interview über meine Wanderung aufnimmt.

## Unruhige Nacht

Schon bin ich in Österreich. Nun wandere ich nach dem Führer „Auf dem Jakobsweg durch Österreich", einfach in umgekehrter Richtung. Das Buch beschreibt die Route von Wolfsthal an der österreichisch-slowakischen Grenze bis nach Feldkirch. Sie führt in 29 Tagesetappen zumeist auf Wanderwegen durch schönste Landschaften und vermeidet wo immer möglich Strassen.

Zumeist ist es leicht, in Österreich eine Unterkunftsmöglichkeit zu finden. In den meisten Ortschaften werden Privatzimmer angeboten. Schilder mit der Aufschrift „Zimmer frei" an den Häusern weisen darauf hin. So übernachte ich in Schlins bei der Familie Lampert. Viel Schlaf finde ich nicht: Im Nachbarhaus und -garten ist ein grosses Fest im Gange – Oberkrainer-Musik wechselt mit einem Conferencier ab, der seine Spässe per Lautsprecher verkündet. Zudem hat es in meinem Zimmer einen Fernsehapparat mit 100 Kanälen – Versuchung für mich, der ich sonst praktisch nie in die Glotze gucke. Auch hat es zwischen einigermassen seriösen Magazinen als weitere Verlockung für den Pilgersmann noch Sexhefte; aber gegen Morgen finde ich dann doch noch tiefen, erholsamen Schlaf.

Sohn Thomas kommt in Fahrt, als ich von meinem Wander-Motto erzähle. Vorarlberg sei die Gegend mit der grössten Dichte an Solaranlagen in ganz Österreich. Privat erzeugter Solarstrom werde mit 70 Cents pro Kilowattstunde abgegolten. Wir finden uns auch in der Einschätzung der Fotovoltaik: „Sie ist so einfach, so ge-

nial". Sonnenzellen werden hingelegt, still, ohne Materialverschleiss, ohne Abgase – bei den meisten Solarzellarten kommt man ohne giftige Baustoffe aus; und diese stillen Flächen erzeugen mit Sonnenlicht Strom – ein Wunder von sanfter Technologie.

## Die Gnade der fehlenden Mittel

Hinter Ludesch klebt eine uralte, romanische Martinskirche am Hang, der Turm unten, das Kirchenschiff darüber, das Dach in hoher Stufe dem Hang angepasst. Die Aussenwand schmückt ein verwittertes Christophorus-Fresko. Die Messe ist soeben beendet. Viele strömen aus der Kirche. Der greise Pfarrer Eugen Gieselbrecht fragt mit wach-lachenden, pfiffigen Äuglein nach meinem Wanderziel: „Na, zu Fuss, das ist gewaltig. Sinds denn schon in Pension, dass Sie das machen können?" Ich rühme die Schönheit der alten, schlichten Kirche. „Ja, das ist eine wunderbare Fügung, dass sie in dem Zustand erhalten geblieben ist. Sie steht ‚nebedusse' (abseits), die Gemeinde hatte kein Geld. Die Renovation der Hauptkirche unten im Dorf hat alle Mittel verschlungen." Ich schaue mir die reichen Wand- und Deckenmalereien im Innern an, die den leicht ansteigenden Kirchenraum umgeben.

## Schauen und Zeichnen

Immer wieder halte ich an und mache eine Aquarellzeichnung. Wie Musik, die einem keine andere Wahl lässt als zu tanzen, gibt es Ausblicke, die gemalt werden wollen, so auch die Sicht über die Tannenspitzen hinab gegen St. Anton, wo sich hingewürfelte Häuser um den

Blick gegen St. Anton, 7. 7. 2003

spitzen Kirchturm scharen, zu den bis weit oben hin bewaldeten Hängen. Beim Zeichnen verbinde ich mich mit der Landschaft. Wie beim Essen die Speise aufgenommen und zu einem Teil von mir wird – intimster Kontakt mit der Mitwelt – so nehme ich beim Zeichnen durch das Schauen das Gezeichnete in mich auf, und es wird Teil von mir.

## Vier Schnecken – ein Haus

Von Landeck an folge ich nun dem Inn. Auf einem hohen Waldsporn, dem Kronberg, thront eine imposante Burg. In eine Senke zwischen Burgsporn und Waldhügeln ist ein kleiner Weiler eingebettet – die alte Pilgerherberge Widum, die Maria-Hilf-Kirche und ein Gasthaus. Eine betagte Nonne putzt das Kirchlein und ersetzt verwelkte Blumen. Ein kräftiger Wind bauscht ihren schwarzen Schleier und eine rot-weisse Fahne, die an einer Stange neben der Kirche flattert und knattert. Neben dem Gasthaus ist ein Wohnmobil stationiert. Eine heitere Gesellschaft, drei Frauen und ein Mann, schauen aus der geöffneten Türe heraus. „Wir reisen wie eine Schnecke, die ihr Haus überall mitnimmt", rufen sie mir zu. „Vier Schnecken und ein Haus – wie soll das gehen?", frage ich. „Wir machens möglich!", kommt zurück. „Ich möchte Sie nach Ihrer Reise sehen, von wegen Heiligenschein", meint die eine Frau.

## Ablasstippel

Ein Bauer haut kurze Zeit später in die gleiche Kerbe: „Was, nach Jerusalem zu Fuss? Dös is ja Wahnsinn! Da müssens wacker gsündigt ham, dass sie das zu Fuss ma-

chen." Und ein anderer kann sich diesen Wahnsinn nur so erklären: „Habens dir unterwegs s Radel gschtohlen?"

## Im Augenblick leben

Basel, die Schweiz, Verpflichtungen liegen schon weit zurück. Glücksgefühl, ganz im Augenblick leben zu können. Schon spüre ich diese Zeitlosigkeit: Bin ich nun schon eine Woche unterwegs – oder einen Monat? Es ist nicht zu fassen. Es ist eine Ewigkeit ohne Dauer. Es ist „Jetzt". Am Abend vor dem Einschlafen zünde ich eine Kerze an und nehme Kontakt mit den Menschen auf, mit denen ich mich verbunden fühle. Ich spüre diese Verbundenheit stark, in der Fremde oft tiefer und stärker, als wenn wir beisammen sind.

## Gebet mit Leib und Seele

Beim Wandern habe ich viel Zeit zum Gebet. Immer am Morgen, bei Beginn des Wanderns, widme ich ihm eine Stunde. Es beginnt mit dem Dank für diese wunderreiche Erde, für die Gesundheit, für das Leben. Dann konzentriere ich mich eine halbe Stunde lang auf unseren Planeten, der so unter uns leidet. Ich bitte um einen kollektiven Traum, der in alle Frauen, Männer, Kinder dieser Welt kommen möge – der die Schleusen öffnet, die Schleusen der Liebe zu unserer wundervollen Welt, ein Traum, der die Angst und die Gier auflöst, welche die notwendigen Taten verunmöglichen und so viel Leid in unser Leben bringen. Ich bete auch für einige Menschen in meinem Freundeskreis, die in Not sind, für Menschen, die mir in den Sinn kommen und Licht und gute

Bei Breitenbach, 12. 7. 2003

Kräfte brauchen. Ich dehne die Bitte aus auf alle Menschen, die leiden, krank sind, gefoltert werden, hungern, nicht so leben können, wie sie gemeint sind. Im Gehrhythmus erfahre ich einen Lebenspuls. Er durchpulst mein ganzes Wesen, Leib und Seele. Er belebt es, macht es zum Instrument, in dem das Staunen, die Begeisterung über diese Welt zum Schwingen kommen.

## Innehalten

Ich gehe gern durch katholische Gegenden: Die Kruzifixe und Kapellen laden zum Innehalten, zur Einkehr ein. Ein Augenblick der Stille, der Kühle in der Hitze wird möglich; oder auch ein Gesangserlebnis – oft überraschen Kapellen mit wunderbaren Klangräumen. Hie und da brennt ein Licht. Gelegentlich stellen Menschen Blumen hin. Im Holzwerk einer kleinen Kapelle im Wald vor St. Anton sind Mond und Sterne ausgespart.

## Idylle Obsaurs

Ich trete aus dem Wald, über die hoch weiss-stehenden Kerbelwiesen klingt das Sechs-Uhr-Glockengeläute vom alten, kleinen Kirchlein Obsaurs her, heller, weit tragender Ton, etwas unregelmässig. Da zieht jemand am Glockenstrick. Die kleine Kirche klebt am Hang, umgeben von Wald, oberhalb Schönwies. Steiler Giebel, Vorbau mit Zeltdach und zwei gotischen Bögen.

Die umfriedende Kirchhofmauer wird überwölbt und beschattet von einer uralten Esche mit tief gefurchter, rissiger Rinde. Davor plätschert kühles, köstliches Wasser in einen hölzernen Brunnentrog. Über dem Kirchenportal säumen zwei Engel eine grosse Sonne, in ihrem Rund das Kreuz. Die Kirchenrückwand ist von einem Christophorus geschmückt, wie schon die Martinskirche in Ludesch. An den Wänden des Kirchenschiffs haben sich Jakobspilger mit Kritzeleien verewigt – die Jahreszahlen 1569, 1604, eine Jakobsmuschel. Dazu: „Gott meine Hoffnung". Für einmal weit und breit kein Verkehrslärm, keine hässlichen Wohnblöcke oder Fabriken, nichts, das menschliches Mass missachtet oder die Schönheit alter Natur- und Kulturlandschaft schmälert. Meine Seele entfaltet sich, verbindet sich mit der Umgebung, schmiegt sich ein in die wohlig bergende Gegend. Es ist dieses Zusammenspiel von Landschaft, reiner Luft, Blumenwiesen, altem Baum, Brunnen, klarem Wasser, Kirche, Kirchhof, Glockenklang, Geschichte am alten Pilgerweg, das diesen Kraftort schafft. Es erlaubt der Seele, hinauszugehen, einzugehen, aufzujubeln.

Lange verweile ich an diesem stillen Ort. Dann steige ich auf einem fast ganz verwachsenen Weg durch dichtes Gehölz ab nach Ried und gelange über Imsterberg nach Imsterau. Ich sehne mich nach Rebekka. Ich erreiche sie am Telefon. Sie erzählt begeistert von ihrer strengen, aber schönen Arbeit mit Kräutern im Engadin. An uns beiden fliesst nun der Inn vorbei.

## Kneippbad und Bremsenangriff

Am Inn, in der Nähe von Roppen, treffe ich auf ein öffentliches Kneipp-Bad. Es tut gut, mit den heissen Wanderfüssen im kühlen Wasser herumzutrampeln.

Die Sonne malt goldenes Patchwork auf den nadelweichen Weg. Auf einer neu angelegten Waldstrasse gerate ich in einen Massenüberfall aus dem Hinterhalt: Ein Bremsenschwarm fällt über mich her – ich kann mich kaum gegen die hungrigen Legionen wehren. Mein verzweifelt geschwenktes Fähnchen macht sie nur noch durstiger, verrückter; und doch: Plötzlich sind sie wieder weg, so schnell, wie sie gekommen sind.

## Dank den Bäumen

In der Mittagshitze danke ich dem fast reinen Föhrenwald vor Silz für den angenehmen Schatten und das kühlende Lüftchen, das dort weht.

Ich erfahre es hautnah: Die Hitze lastet, wo keine Bäume sind. Sobald ein grosser Baum, eine Allee oder eine Baumgruppe auftauchen, wird die Hitze gebrochen. Im Wechsel von Licht und Schatten entstehen lokale, Kühlung zufächelnde Winde. Napoleon war sich dessen bewusst. Er säumte die Heeresstrassen in ganz Europa mit Pappeln und anderen Baumalleen.

## Gregor Sieböck

In Silz im Tirol wird mein Durst unerträglich. Die Brunnen trocken, der Dorfladen in der Mittagszeit geschlossen. Ein Mann weist mich zum Supermarkt am Dorfausgang. Aus dem Ladeneingang kommt ein junger Mann – sonnengerötet, Drahtbrille, oranges T-Shirt, türkisgrünes Chirurgenhäubchen, grosser Rucksack. „Wohin gehst du?“, frage ich ihn. „Nach Tokyo. Und du?“ „Nach Bethlehem.“ Beide schmunzeln wir, wissen nicht so recht, wer jetzt wen auf den Arm nimmt. Doch bald freuen wir uns über dieses verblüffende Zusammentreffen zweier Seelenbrüder, die zu Fuss für die Bewohnbarkeit unseres Planeten unterwegs sind – dank Hitze, Durst und geschlossenem

Dorfladen begegnen wir uns vor einem Supermarkt im Inntal.

Am gleichen Tag, am 28. Juni, sind wir beide aufgebrochen, Gregor in Bad Ischl, ich in Basel. Gregor pilgert nach Westen, ich nach Osten. Gregor will drei Jahre lang in Europa, Süd- und Nordamerika, Japan und Neuseeland wandern. Er hat Wirtschaft und Umweltwissenschaften studiert. Unterwegs und im Internet will er mit seinem Projekt auf das Konzept des ökologischen Fussabdrucks aufmerksam machen. „Das Ziel? Das Motto von Mahatma Gandhi: Sei die Veränderung in der Welt, die du gerne sehen möchtest. Wie kann jeder Einzelne, jede Einzelne nachhaltiger leben?“

*(Nach seiner dreijährigen Wanderschaft begegnen wir uns wieder. Aus der Begegnung im Supermarkt von Silz wird eine Freundschaft. Im 2008 ist mein Fest zum 60. Geburtstag der einzige Termin, den Gregor in jenem Jahr wahrnimmt. Gregor hat seine Eindrücke im Buch „Der Weltenwanderer“ [Tyrolia-Verlag] wunderbar beschrieben.)*

## Einfaches Lernen

Wandern – ständiges Erweitern des Seins, ständiges Lernen. Nicht nur Erfahren der Landschaft, der Ortschaften, sondern Ergehen. Ich sehe auf der Karte eine Ortschaft eingezeichnet – „Inzing“, darin die Signatur einer Kirche. Von ferne sehe ich hinter einem sanft abfallenden Acker und einer auf der Höhe dieses Ackerzugs wachsenden Hecke einen Kirchturmspitz. Er verschwindet wieder, als ich die Senke durchquere. Dann liegt das Dorf vor mir, die Kirche wird nun gut sichtbar. Ich komme näher, die ersten Gemüse- und Obstgärten, Bauernhöfe; und dann bin ich mitten im Dorf, raste und esse hinter der Kirche, im Schatten eines alten Baumes, singe in der kühlen Kirche. Ich bekomme auch etwas von der Geschichte mit. Ich lese, das Dorf sei im Jahre 1034 erstmals urkundlich erwähnt worden. Auch sei es eines der Tiroler „Krippendörfer".

### Marianne Bauer

Auf dem Radweg wandere ich dem Inn entlang. Eine Frau, etwa 50, mit blauem Fahrradhelm, radelt an mir vorbei, hält dann an. „Sind Sie ein Pilger? Wo übernachten Sie? Kommen Sie zu uns nach Innsbruck!" Marianne Bauer gibt mir die Adresse und erklärt mir, wo ich sie finde.

Die Frage, wo ich am Abend unterkomme, ist jeweils mit einer kleinen Spannung verbunden: Finde ich eine gute, erschwingliche Übernachtungsmöglichkeit? Fällt diese Spannung weg – wie jetzt nach der Begegnung mit Marianne – liegt der Nachmittag frei da. Da nehme ich mir nun viel Zeit. Ich zeichne, nehme ein Bad im Inn, mache ein Mittagsschläfchen am Ufer. Dann schlendere ich durch die Altstadt von Innsbruck. Die Sonne glänzt auf dem Goldenen Dacherl. Es hat seine Umgebung mit Gold angesteckt: Da glänzt es überall – der goldene Doppeladler auf dem Wirtshausschild des „Goldenen Adlers", goldgelbe Tischtücher und Sonnenschirme. Marianne Bauer hat mich schon aufgegeben – sie hätte nie gedacht, dass ich für diese Strecke so lange brauche. Ich kann im Zimmer eines ihrer sieben erwachsenen, nun ausgeflogenen Kinder schlafen. Marianne, pensionierte Krankenschwester, die bei Bedarf immer noch einmal diesen Beruf ausübt, ist im Jahr 2000 von St. Jean-Pied-de-Port nach Santiago de Compostela gepilgert. „Seither habe ich das Gefühl, ich müsse jeden Wanderer ansprechen."

### Wohlschlager witzelt

Im Weiler Mühltal bewacht eine kleine Kapelle eine Wegkreuzung. Der Platz im winzigen Kapellenraum ist beschränkt. Es hat vier Sitzreihen mit je zwei Plätzen. In Söll finde ich bei Wohlschlagers wohlwollende Aufnahme und ein bequemes Nachtlager. „Wenn du mir gesagt hättest, du gehst in Sandalen nach Bethlehem, hätte ich dich gefragt: Bist du Jesus?", lästert der stets zu einem Spass aufgelegte Hausherr. „Schau, was hier in der Zeitung steht: ‚Die Abgeordneten arbeiten zu wenig!' Na, was machen wir da? Da muss doch etwas geschehen!" Am Morgen begrüsst er mich: „Wie weit geht's heut?" „Heute bis Lofer, morgen bis Salzburg." „Na so was – jeden Tag e bisserl mehr. Wenn d' in Wien ankunnsch, bisch am neggschde Daag grad schon in Bethlehem!"

### Schwalbenschwanz

Ein Schwalbenschwanz-Schmetterling hockt auf roter Kleeblüte. Er lässt mich ganz nah heran. Meine Augen trinken seine Schönheit in tiefen Zügen. Sein schwarzweisses Flügelmuster mündet hinten in blauschwarze Perlen von zunehmender Grösse und endet zwischen den zackigen Fortsätzen in einer Muschelform mit rotem Herzen. Es sieht aus wie ein Federkleid. Als ich mich satt gesehen habe, tanzt er vor mir weiter, setzt sich hin, bis ich nachgekommen bin. So fliegt er mir eine ganze Weile voran, bis er in ein Blumenfeld abtaucht.

Wilder Kaiser, 13. 7. 2003

Solche Begegnungen beantworten mir die Fragen nach Gott, wortlos.

## Tropfen im Strom der Zeit

Am Morgen losziehen, die Sonne im Gesicht, am Nachmittag den länger werdenden Schatten vor mir – glückliche Zeitlosigkeit, wie ich sie vom Zeichnen, von der Gartenarbeit, von der Seefahrt kenne; Tropfen werden im Strom der Zeit.

Und am Abend: Starker, herb-krautig-süsslicher Duft – der lauwarme Wind streicht über ein blütenweisses Kerbelfeld und lädt sich mit dem köstlichen Naturparfum auf.

Ich habe die Route nach Istanbul – Jerusalem über Wien und Budapest gewählt. Diesen etwas weiteren Bogen nach Osten nehme ich in Kauf, weil ich die Gebiete im ehemaligen Jugoslawien umgehen will. Dort hat ein paar Jahre zuvor der Krieg getobt, und Landstriche sind möglicherweise noch vermint. Auch ist die Route durch Österreich nach Wien auf dem Jakobsweg besonders reizvoll.

## Notburgas Spinnlein

Rattenberg hat sich zu einem putzigen Touristenstädtchen durchgemausert. Es wäre erstaunlich, hier einer Ratte zu begegnen. Dafür ist das rote Postgebäude mit einem Wirtshausschild geschmückt. Neben einem Postschild umgibt ein Metallkranz aus grünen Lorbeerblättern und Goldblumen eine grosse Sonne. Das Schild erinnert daran, dass ohne Sonne und ohne Post nichts läuft. Ein Spinnlein hat sein Netz zwischen Kinn und

Haartracht der bronzenen Notburga-Statue auf dem gleichnamigen Brunnen gespannt. Ein weisses Taubenfederlein hat sich darin verheddert und winkt im Wind. Notburga nimmt es gelassen, den Blick demütig zum Himmel gerichtet. Auch scheint sie nichts gegen das St. Notburga-Café und die beiden Bankfilialen zu haben, die sich hier am Platz ihr angeschlossen haben.

## Kindheitsparadies

Von Bairam bis Au tauche ich in schönste Kindheitserinnerungen ein. Märchenwälderstille, grosse, bemooste Steine, Sauerkleeteppiche, auf der warmen Haut kosendes Spiel von Licht und Schatten, und dahinter entrückt, schweigsam, geheimnisvoll die Berge – wie damals in Prêles oder Saanen, als mein Bruder Beat und ich mit der Mutter nach dem Frühstück ausziehen und den ganzen Tag im Sommerwald verbringen, zeitlos, verspielt, Steckleinwege, Tannzapfen-Dörfer, Rindenhütten, Moosgärten, verwunschene Teiche im gestauten Bächlein; und am Abend auf dem Heimweg bereits wieder die tiefe Vorfreude auf das Wiedereintauchen in das Sommerparadies des kommenden Tages.

## Veränderte Landschaft

Aus dem Wald tritt ein anderer Wanderer und kommt auf dem Feldweg näher – von Gras und Blumen bis zu den Knien verdeckt, Mittagspuls, ein Herz, das pulst, der Wanderstock, der den Takt schlägt, und der Schrittpuls – gemächlich, entspannt, pulsiert er der kleinen Kirche von Au entgegen und tritt in sie ein. Verändert bleibt die Landschaft zurück. Alles an der Kirche strebt himmelwärts, die rosa-weisse Fassade, das steile Schindeldach, der auch von sonnengeschwärzten Schindeln bedeckte Kirchturm mit seinem rot geschindelten Zwiebeldach und der goldenen Jahreszahl 1674.

Schritte verändern die Welt. Unser Planet wird von einem feinstmaschigen, Jahrtausende alten Netz von Schritten überzogen. Wenn ich meine Erlebnisse aufschreibe, hoffe ich, etwas von der Fülle erahnen zu lassen, von der Fülle an Blick- und Wortwechseln, Gedanken und Ideenaustausch, Eindrücken und Ausrufen, Heiterkeit und Nachdenken, Hilfsbereitschaft und Fantasie, Grosszügigkeit und Genuss, die in den feinen Maschen dieses globalen Schrittnetzes hängen bleiben. Schritte und das Begegnen, das sie ermöglichen, sind unmittelbar, von Lebewesen zu Lebewesen, lebendig und vielleicht wesentlich. Schritte verändern uns und die Welt.

## Innersbacherklamm und Teufelhof

Vor Reit sehe ich wilde Zyklamen im Waldgras leuchten. Von dort ist es nicht weit zur Innersbacherklamm, einer engen, tief eingegrabenen Schlucht mit glatt geschliffenen Wänden. Ein schmaler Holzsteg überdeckt die tiefe Bachrinne mit Stufen und Treppen, hoch über der rauschenden Gischt, tief unter dem Schluchtrand und seinem Himmelstreifen. Er gibt immer wieder den Blick frei auf das tosende, zischende Wasser, auf Wasserfälle, türkisblaue Becken, in denen das Wasser kreist.

Wie viel können wir vom freien, lebendigen Wasser lernen.

Von seiner Klarheit: Mögen wir klar sein in unseren Entscheiden für das Leben.

Von seiner Beweglichkeit: Mögen wir beweglich werden, um von der Lebens-, der Selbstzerstörung loszukommen.

Von seiner Stille, wenn es im See ruht: Mögen wir Ruhe finden, damit wir unsere Tiefen und Schatten erkennen und annehmen.

Von seiner Erneuerbarkeit: Mögen wir im Tätigsein für das Leben immer wieder die Kraft zum Vertrauen und den „langen Atem" finden.

Plötzlich Geschrei, Gelächter – eine Meute zeitgemässer Wassergeister in orangen Helmen und blau-gelb-schwarzen Canyoning-Anzügen gleiten, schreiten, schwimmen, springen, tauchen, hollern, johlen durch die Schlucht. Hotelfachschüler feiern ihren Erlebnistag, unter ihnen Bernd Moosbrenner, der drei Jahre lang als Koch im Hotel Teufelhof in Basel gearbeitet hat. Etwas später rudern sie in drei Gummibooten die Saalach hinab. Sie werden von der Strömung recht umhergewirbelt, stranden auf einer Kiesbank, machen ihr Boot wieder flott, und mit einem „He, Basel!", mit dem Bernd das Flussrauschen übertönt, verschwinden sie um den nächsten Felsvorsprung, dem „Zvieri" entgegen – sie nennen es „Brotzeit".

## Langstrecken-Rabatt

Ein kurzes Wegstück führt durch Bayern; und obwohl es nicht nach Regen aussieht, suche ich ein Sportgeschäft, um eine Rucksackregenhaut zu kaufen. Obwohl ich mir sehr Mühe gebe, nichts zu verlieren – das Militär mit seiner Materialkontrolle wirkt nach – muss ich die Rucksackhülle irgendwo liegen gelassen haben. Der junge, sportliche Verkäufer überlässt mir das Gewünschte für

9 statt 9.99 Euro – einen 10 %-Rabatt habe ich mit meinem Langstreckenlauf schon verdient, meint er anerkennend. Ebenso eine Gruppe Arbeitslose, die bei Marzoll einen Kurs besuchen und gerade Pause machen: „Jesus, Maria!", ruft einer, „glauben Sie mir, ich bin bisher noch keine 15 Kilometer am Stück gelaufen, und Sie kommen aus Basel. Gott ist mit Ihnen!", gibt er mir auf den Weg mit.

## Energiewende im Grenzbereich

Ich komme an einem neu gebauten Einfamilienhaus vorbei. Mitten im Garten steht ein Grenzstein mit der Jahreszahl 1851. Auf der kleinen Tafel am Gartenrand steht „Achtung Staatsgrenze". Ein Mann in rotem Hemd steht in Bayern und reisst Grasbüschel in Österreich aus. Die grosse Tafel an der Fassade spricht von Zukunft: „Erstes betriebsfertiges Niedrigenergiehaus in Holz und Lehmbauweise mit Haustechnik der Zukunft". Mein Öko-Herz hüpft beim Weiterlesen: „Holzständerbau, biologisch-ökologische Baustoffe, Innenwände in Lehmbauweise, Mauerwerk und Innenputz in Naturlehm, Heiz- und Brauchwasserbereitung mit Spezial-Solar- und Wärmepumpensystem, Fotovoltaikanlage mit 1920 Wp Leistung, Regenwassernutzung." Wahrlich grenzüberschreitend. Wie die Menu-Karte eines Top-Vegi-Restaurants für einen ausgehungerten Vegetarier.

## Durchs Himmelreich

Und wirklich durchquere ich kurz vor Salzburg Himmelreich. Diese Ortschaft ist ein Himmelreich von kleinen Einfamilienhäusern und gepflegten Gärten. Eine grosse Tafel verrät: Die Pension Herbst hat sich zum Vierstern-Hotel Himmelreich durchgemausert und lockt Himmelreichgäste mit „Schwimmbad, Garage, Sauna" an – Wellness-Sandwich in dieser Reihenfolge. Auch dieses Himmelreich kommt nicht ganz ohne Verkehrszeichen aus – da guckt eine multifunktionelle Verkehrs-Tafel aus einem Gebüsch heraus, der Kopf ein Halteverbot, der Hals eine Tafel mit der Aufschrift „Ende", ein ausgestreckter Arm das blaue Schild „Himmelreichstr." und der Torso eine „Kein Vortritt"-Tafel. „Halteverbot" und „kein Vortritt" – da könnten Entscheidungsschwierigkeiten vorprogrammiert sein.

## Claudio Beretta

Am Bahnhof von Salzburg treffe ich Claudio Beretta. Er wandert drei Tage mit mir. Der damals 18-jährige Claudio ist für mich einer der jungen Menschen, die mein Vertrauen in die Zukunft stärken – starke Naturverbundenheit, feines Gespür für eigene Bedürfnisse und für die anderer Menschen, eine Bewusstseinsweite, wie ich sie in diesem Alter noch nicht entwickelt hatte.

## Kleine Welt

Bei Maria Plein treibt uns der Hunger auf die Suche nach einem Restaurant. Beim ersten wird dekoriert für eine Hochzeit. Für uns gibt es nichts. Das zweite ist geschlossen. Beim dritten, Schwaningers Restaurant Jägerwirt in Kasen, haben wir Glück und werden gut bewirtet. Am Nebentisch sitzt ein Paar. Der bärtige Mann spricht zwar hochdeutsch mit seiner blonden Frau; aber sein Basler Akzent ist unverkennbar. Vor dem Dessert

Salzburg von Maria Plain aus, 15. 7. 2003

spreche ich ihn darauf an. Innert kurzer Zeit stossen wir auf das Beziehungsnetz an, das uns verbindet: Prof. Urs Baumann arbeitet als Psychologie-Professor in Salzburg. Mit seiner Schwester spielte ich jahrelang zusammen im I Medici-Ärztinnen-Orchester. Sein Schwager war mein Chef im Kantonsspital. Sein Primarlehrer war Onkel Ernst, der Bruder meines Vaters. Auch gingen wir ins gleiche Gymnasium und wurden von den gleichen Lehrern gedrillt. Bald laden Baumanns unsere Rucksäcke in ihr Auto ein. Sie beschreiben uns den Weg zu ihrem hellen, grossen Haus in Bergheim am Flüsschen Fischach. Dort werden wir liebevoll zur Übernachtung und zum Frühstück in der Morgensonne auf dem Sitzplatz zwischen Haus und blühender Wiese aufgenommen.

## Wunderkraut am Weg

Überall am Weg gedeiht Spitzwegerich. Die Natur hat das wunderbar eingerichtet. In der Zeit, wo Mücken und Bremsen stechen, spriesst das beste Mittel gegen Juckreiz flächendeckend am Weg. Hat das Insekt seine Histamin-Dosis gespritzt, helfen ein paar der parallel genervten, länglichen Blätter. Pflücken, aneinanderreihen, brechen, mit etwas Spucke anfeuchten und auf der Stichstelle verreiben – innert kurzer Zeit verschwinden Juckreiz und Schwellung. Erstaunlich, dass dieses einfache und äusserst wirksame Heilmittel in meiner ganzen medizinischen Ausbildung nie erwähnt wurde.

## Überraschung am Wallersee

Stefan Hügli vom Schweizer Radio DRS kündigt sich für ein Interview übers Pilgern an. Wir vereinbaren ein Treffen beim Schwimmbad Seebrunn am Wallersee, auf 15 Uhr. Ich nehme an, er käme mit dem Auto aus Davos, seinem Wohnort, und bereue ein wenig meine Zusage. Der Wanderbonus, den ich mir nun erlaufen habe, wäre durch das Radio-Interview gerade wieder zunichte gemacht. Nach einem Bad im Wallersee warten wir um drei Uhr auf Stefan. Als er nicht eintrifft, rufe ich ihn auf seinem Mobil-Telefon an. Mit keuchender, gepresster Stimme antwortet er, er sei ganz in der Nähe und würde in ein paar Minuten bei uns eintreffen. Ich mache mir Sorgen. Ist er wohl gesund? Haben lange Autofahrt und Mittagshitze seiner Gesundheit zugesetzt? Da kommt einer im Biker-Dress und -Helm auf seinem Rennfahrrad herangeflitzt – mein Anruf habe ihn gerade bei der letzten Steigung erwischt. Darum habe er so gekeucht. Er hat sein Fahrrad im Zug bis Salzburg mitgenommen und den Rest der Strecke mit eigener Muskelkraft zurückgelegt! Wir finden in der Nähe auf einer Anhöhe am Waldrand eine Bank, in genügender Distanz vom Kinderlärm des Schwimmbads und vom nächsten Hühnerhof, wo immer wieder ein Gockel sein Kikeriki in den heissen Nachmittag schmettert. Die Nachmittagssonne füllt den Wallersee mit flüssigem Gold und mich mit begeisterten, dankbaren Worten, die wie von selbst aus mir herausprudeln, als Stefan seine Fragen stellt; und bald sehen wir ihn und sein Fahrrad in der weiten Landschaft Richtung Salzburg wieder kleiner werden und verschwinden.

## Schweigsam nach Schwaigern

In einem Wald mit riesigen, steckengeraden Tannen kommen wir auf eine Lichtung mit einem verträumten

Beim Wallersee, 16. 7. 2003

Waldhaus. Ein alter Mann schaut aus einem Fenster. Er weist mit der Hand nach Osten und ruft uns etwas zu – ich verstehe nur „Schweigen" und kann mir vorerst keinen Vers darauf machen, da wir bereits recht schweigsam daherkommen. Als ich wieder einmal einen Blick in die Karte werfe, erkenne ich: Das nächste Dorf heisst „Schwaigern".

### Gewitter-Jause

Eine schwarze Saatkrähe segelt auf kraftvoll daherwehender Windböe vor dem fast schwarzen, wie mit dickem Pinsel gemalten Himmel. Der blauschwarze Tannenwald braust. Die Äste wogen. Der Sturm zerzaust die Obstbäume. Schon schlagen uns einige fette Tropfen ins Gesicht. Vor einem Bauernhof versucht die Bäuerin verzweifelt, ihre von reifen Beeren leuchtenden Ribisel-Büsche mit Plastik-Überzügen vor allfälligem Hagel zu schützen. Wir helfen ihr, bevor die Regenflut niederprasselt.

Dann sitzen wir mit Franz und Helga Vogtenhuber sowie dreien der fünf Söhne in der geräumigen Küche bei einer reichlichen Jause zusammen. Helga bäckt gerne Brot und zeigt uns den Dinkel-Roggen-Sauerteig mit Schwarzkümmel, aus dem morgen frisches Brot wird. Vogtenhubers haben vor 14 Jahren auf biologischen Landbau umgestellt und sind damit sehr zufrieden. Geheizt wird mit einer Holzvergaseranlage, mit eigenem Holz.

Die Klimaveränderungen machen den Vogtenhubers das Leben nicht leichter: Im August des letzten Jahrs wurden sie von grossen Überschwemmungen heimgesucht. Franz zeigt uns, bis wohin die Flut reichte. Nur mit Mühe und Not konnten sie Haus und Stall trocken halten. Jetzt herrscht Dürre, und sie sind froh über das lang ersehnte Gewitter.

Im Regen wandern wir weiter nach Timelkam und fragen uns, wann der Timel wohl nach Timelkam kam.

### Gewehrzaun

Nicht Schwerter zu Pflugscharen, aber Gewehrläufe zum Gartenzaun: Eine Tafel bei einem eisernen Gartenzaun in Lambach meldet: „Diese Einfriedung wurde aus Gewehrläufen der Franzosenkriege (1809) hergestellt" – Recycling mit Langzeitwirkung.

### B-Pilgerreise

Ein sportlicher Vierziger radelt mir mit dem Rennfahrrad entgegen. Er ist neugierig auf meine „Mission". Ja, auch er arbeite im Energiebereich, allerdings am anderen Ende des Spektrums, meint er trocken. Er stellt sich als führender Angestellter der grössten österreichischen Ölfirma vor. Immerhin produziere deren Raffinerie blei- und schwefelfreies Benzin. „Der läuft von Basel nach Bethlehem", ruft er lachend seiner inzwischen angekommenen Freundin zu, „alles Orte mit B!" „Ja, über Budapest, Beirut", ergänze ich.

### Nur noch 162 km

Erla – auch ein Nabel der Welt. Da steht ein Wegweiser mit Distanzangaben: Wien – 162 km, nur noch? Budapest – 362 km, Athen – 1365 km, London – 1118 km, Paris – 930 km, Moskau – 1770 km; offenbar führen

Birnbäume bei Strengberg, 21. 7. 2003

auch alle Wege nach Brüssel – 791 km; nur Jerusalem wurde vergessen …

## Mostviertel

Was in der Schweiz „Mostindien" genannt wird, der Kanton Thurgau, ist hier das „Mostviertel". Immer wieder komme ich durch lange Birnbaumalleen und Obsthaine – zum Teil mächtige Bäume voller Früchte. Ich frage einen Bauer, wie all diese Früchte geerntet werden. „Wenn sie reif sind, fallens runter und werden vermostet. Das geht oft zwei bis drei Wochen, bis alle Birnen geerntet sind. Wir haben in den letzten Jahren wieder viele junge Bäume gesetzt. Es wird wieder mehr Most getrunken." Was für ein Genuss, auf dem mittleren Grasstreifen eines Feldweges im Schatten einer Birnenallee durch die Lande zu ziehen und zu wissen, es wird wieder mehr Most getrunken.

Die Landschaft ist noch reich, nicht ausgeräumt, mit vielen Bäumen, Baumgruppen, Hecken. Da erstaunt es nicht, dass ich zweimal einem Feldhasen begegne. Beide Male stehen die putzigen Tiere auf einem Acker. Das Auge erkennt etwas Regloses, Auffälliges; und bei etwas Ausdauer und längerem Hinschauen beginnt dieses Auffällige plötzlich im Zickzack davonzuhoppeln.

## Unhold im Maisfeld?

An einem Waldrand fährt mir ein schwarzer Mercedes nach, hält an. Der Fahrer, in Jägerkleidung, lässt die Scheibe herunter und winkt mich herbei: „Sind Sie hier allein zu Fuss unterwegs? Passen Sie auf: Hier treibt sich ein junger Moldawier rum. Er versteckt sich in den Maisfeldern. Ein gefährlicher Triebtäter, der überall gesucht wird. Er ist bewaffnet und schreckt vor nichts zurück." Zum ersten Mal krame ich die Tränengaspatrone hervor. Auch hänge ich mir die Signalpfeife um den Hals, die mir eine Freundin auf den Weg mitgegeben hat – für alle Fälle, damit ich in Not wenigstens aus dem letzten Loch pfeifen kann. Doch der gefährliche Bursche wagt sich nicht aus seinem Versteck heraus; oder ist schon über alle Berge. Und die Pfeife bringt mich später einmal beinah in erhebliche Schwierigkeiten …

## …der Bächlein, Lerchen, Wald und Feld …

Die Altvorderen haben den Standort ihrer Sakralbauten gut gewählt. In Kollmitzberg thront das Kirchlein weit herum sichtbar auf einem Hügel. Die Krone einer uralten, mächtigen Linde erreicht dieselbe Höhe wie der Kirchturm. Eine Feldlerche jubiliert im Morgenhimmel. Der Weg ist gesäumt vom Himmelblau der Wegwarte. Ich lehne mich an den alten Lindenstamm und blicke über das Donautal. Der grünblaue Fluss, umgeben von Wald, ein Schlösslein am Ufer mit Bergfriedruine und neuerem Turm, die Felder gelblich von der Dürre, und immer wieder schöne alte Bäume, Kraftsammler in der weiten Landschaft, oft unterstützt von kleinen Kapellen oder Wegkreuzen. Das Blau der sich in der Ferne verlierenden Bergsilhouetten wird immer blasser.

## Tränen im Fluss

Auf der Donaubrücke bei Persenbeug überfällt mich tiefe Trauer um meine Mutter. Am 5. Januar ist sie, fünf Tage vor ihrem 95. Geburtstag, gestorben. Über dem

Wasser auf der Brücke wird mir bewusst: Sie ist nicht mehr und lebt in mir. Nach Jahren der Betreuung bin ich nun frei für dieses Abenteuer. Gleichzeitig: Sie wartet nicht mehr auf mich, wenn ich auf Reisen bin. Ich fühle mich verlassen. Ich spüre stark, ich bin nun Vollwaise. Meine Tränen fallen in die Donaufluten. Der Druck im Tränenstausee meiner Kehle löst sich. Trauer – ein so schönes Gefühl des Verbundenseins.

## Von Trafik und Markisen

Deutsche Sprache – schwere Sprache; und jedes Land hat wieder seine Spezialitäten: „Trafik" steht auf einem Tabakladen, wo ich Postkarten kaufe. Hat das mit Tabakschmuggelverkehr zu tun? Woher kommt das Wort? Der junge Verkäufer staunt mich mit schönen, dunklen Augen an. Er weiss keine Antwort auf diese für ihn neue Frage. Es bedeute: Raucherwaren. „Fleischhauer – Selcher" ist verständlicher. Doch dass „Markise" mehr mit Storenstoff als mit Adel zu tun hat, muss ich auch lernen, und was „Absentieren" bei „Hausieren und Absentieren" bedeutet, möchte ich auch noch herausfinden. Die „Marillen" nehmen es mit der Wortschönheit von „Aprikosen" beinahe auf. Und das Wort „Pfirsich" tönt hüben und drüben pastellfarben und zart.

## Sandsturm und Weltkrieg

Strassenbau, extreme Trockenheit und Abendwind sind Zutaten für einen veritablen Sandsturm, der mich auf den Feldern hinter der Wallfahrtskirche Maria Tafers überrascht. Mit dem Taschentuch vor dem Mund und zusammengekniffenen Augen arbeite ich mich durch die Staubfahne. In Artstetten gucke ich durch einen Maschenzaun in einen stillen Park. Da steht ein durch Bäume und Gebüsch durchschimmerndes Schloss mit rundem, zwiebeldach-bedecktem Eckturm und südlich anmutenden Arkaden. Ich denke an die vielen Toten des ersten Weltkriegs, an die vielen ungeborenen Enkel aus Georg Trakls Gedicht „Grodek". Es ist das Schloss von Franz Ferdinand I., dem österreichischen k. u. k.-Thronfolger, der 1914 in Sarajewo ermordet wurde. Eine Amsel im Park stösst Drohrufe aus.

## 1 Gast, 3 Zecken

„Haben Sie noch Platz für einen müden Pilgersmann?", frage ich die Wirtin im Gasthof Traube in Leiben. „Jo, freili", meint sie, und bald merke ich, dass ich an diesem Abend der einzige Gast weit und breit bin. Vor dem Schlafengehen entdecke ich drei Zeckenbisse, einer an der rechten Fusskante, wo ich schlecht zukomme! Ich mache mir Sorgen, ob wohl eine dieser Zecken Borrelien oder sogar Zeckenenzephalitis-Viren übertragen hat.

## Landschaftsmalerei

Ich male von der Kirchenterrasse aus ein Aquarell und fühle mich wie ein Maler im 18. Jahrhundert. Die Neuzeit hat für einmal diese Landschaft nicht angerührt. Das Schloss Schönbühel und der Stift Melk mit seinem dicken und den beiden schlankeren Türmen sind einzige von Menschenhand gebaute Teile dieser vom abendlichen Gegenlicht verzauberten Landschaft aus Donau, Wald und Himmel.

## Im Gewebe des Lebens

In Aggsbach lasse ich die Kartause rechts liegen und sause in eine Jausenstube, wo mich Jasmin Gonzalez-Martin mit einem hoch aufgetürmten Salatteller verwöhnt. Als ich bezahlen will, meint sie, das koste nichts. Als Gegenleistung möge ich in Bethlehem für sie beten.

Das tue ich dann auch in der Geburtskirche von Bethlehem am Heiligen Abend. Am nächsten Tag schicke ich ihr eine Karte aus Jerusalem. *(Ich höre fünf Jahre nichts von ihr. Im November 2008 trifft eine Karte ein: Jasmin Gonzalez schreibt, sie sei zufällig beim Internet-Surfen auf meinen SunWalk 2008 gestossen, die Wanderung von Los Angeles nach Boston. Nun habe sie auch eine Adresse gefunden und danke mir für Gebet und Karte. Am 6. März 2009 halte ich in Kilb bei St. Pölten einen Vortrag. In der zweiten Reihe sitzt eine Frau, die mir von irgendwoher bekannt vorkommt. Noch vor Beginn des Vortrags spricht sie mich an: „Kennen Sie mich noch?" Jasmin Gonzalez! „Beim nächsten Besuch gibt es nicht nur Salat. Sie können auch bei uns im Hotel übernachten!")*

## Enthusiasmus

Märchenhaft. Abenddämmerung. Tief im Wald, zuoberst auf dem Hügel, komme ich an die Mauern des Kloster Maria Langegg. Es beherbergt die „Katholische Gemeinschaft der Seligpreisungen". Diese wurde 1973 in Frankreich gegründet und ist der heiligen Therese von Lisieux geweiht. Zwei Schwestern öffnen mir, die Güte selbst. Sie weisen mir eine Klause an, ein sauberes Bett. Sie bewirten mich. Ich kann Hunger und Durst ganz stillen. Im Zimmer neben meinem wohnt Günther. Ich bitte ihn, den schmerzenden Fuss mit dem entzündeten Zeckenbiss anzuschauen, da ich die Stelle selbst nicht untersuchen kann. Die sorgfältige Zuwendung und ein Kamillenbad wirken heilsam. Der Schmerz lässt nach.

Am Morgen kommen wir zu den Laudes zusammen. Die Rituale dieser an Urchristen und an Chassiden erinnernden Gemeinde sprechen mich in ihrer Sinnlichkeit sehr an. Wir singen, wir tanzen. Da ist frohe Begeisterung, Enthusiasmus, ganz im tiefen Sinn der griechischen Worte „ἐν θεῷ εἶναι" – im Gott sein, mit dem Göttlichen verbunden sein.

## Göttweigwärts

Wachau – nach Mautern dehnt sich weites Rebgebiet. Die lange Hitze- und Trockenzeit hat zumindest dem Wein gut getan. Prall lachen die schweren Trauben aus dem Laub. Und über der Rebebene auf einem Hügel thront von weitem sichtbar der Stift Göttweig; Zwiebeldach-bewehrte Ecktürme, lange Fassadenfluchten, zwei Reihen mit je 32 Fenstern, eine grossmächtige Menschenidee, die sich auf sanft gewölbtem Waldhügel auskristallisiert hat, Landschaft und Seelen dominiert. Der Weg ist weit, nur langsam rückt der Stiftshügel heran. Nur langsam wird diese Gebäudekrone grösser und lässt immer mehr Details erkennen.

## Wegstreckengefährtin

Vor mir trippelt ein Täubchen auf dem Weg, pickt immer wieder, einmal nach links, dann wieder nach rechts. Es rührt mich warm und seltsam an, mit einem so fremden Wesen ein paar Schritte gemeinsam in die gleiche

Zwischen Strengberg und Wallsee, 21. 7. 2003

Richtung zu gehen. Die Taube ist an der Brust verletzt. Sie muss krank sein, dass sie menschenähnlich auf dem Weg geht. Sie pickt so munter; das nehme ich als gutes Zeichen für ihre Gesundung.

## Verwunschen

Steil führt der Weg zum Stift hinauf, durch lichtes Gehölz mit südländisch-arider Vegetation. Das grosse Haupttor ist geschlossen. Ich gehe an der Klostermauer entlang. Ein kleines Hintertürlein ist offen. Der Klosterbezirk liegt riesig, leer, verwunschen da, unheimliche Dornröschenschloss-Stille. Ich gehe durch Gänge, Treppenhäuser, schaue in grosse Säle, in Kapellen hinein – Stimmung wie in Umberto Ecos Roman „Der Name der Rose". Kein Mensch ist zu sehen. Stockwerk um Stockwerk klappere ich ab. Alle Türen sind offen. In einem abgelegenen Speisesaal entdecke ich zwei ältere Männer. Sie sind schon bei der dritten Flasche Wein angelangt und guten Mutes. Doch auch sie haben keine Ahnung, wer mir hier eine Übernachtungsgelegenheit verschaffen könnte. Sie empfehlen mir, im Hof zu warten, bis jemand auftaucht. Ich finde den Riesenhof, umgeben von Kirche und klösterlichen Häuserfluchten. Ich befinde mich nun innerhalb des geschlossenen Eingangstors. Das Pförtnerhäuschen ist leer.

Doch plötzlich, wie von Geisterhand bewegt, öffnet sich das Eingangstor. Zwei Autos kurven in den Hof. Erleichtert wende ich mich an die Chauffeure. Sie stellen sich als Handwerker vor, die in den weitläufigen Gebäulichkeiten des Klosters eine Werkstatt betreiben. Sie versuchen per Haustelefon, einen Pater aufzutreiben – erfolglos. „Warten Sie hier im Hof. Vielleicht sind die Patres bei der Vesper. Da wird mit der Zeit schon jemand auftauchen." Ich setze mich vis-à-vis der gewaltigen Klosterkirche im riesigen Hof auf eine Bank und mache meine Tagebucheinträge. So viel Unheimliches heute, der unheimlich grosse Wald, das unheimlich grosse Kloster, mit unheimlich wenig Leuten.

Als ich aufblicke, schreitet würdig ein Geistlicher auf mich zu, Silberhaar, Priesterkäppchen, goldenes Kreuz auf der Brust. Er stellt sich als Abt des Stifts vor. Ich sei ein Jerusalem-Pilger. Ob ich hier nächtigen könne? Ich sei etwas spät dran, meint er; aber er werde den verantwortlichen Pater vorbeischicken. Dieser erscheint und weist mir ein Begleiterzimmer im (unheimlich grossen) Jugendtrakt des Klosters zu, einem Riesenraum (unheimlich hoch). Allein die Vorhänge sind fünf Meter lang; die Menschenleere, die absolute Stille machen alles noch grösser (und unheimlicher!).

Vor dem Einschlafen lasse ich die ganze bisherige Wanderzeit noch einmal vor mir vorbeiziehen. Ich lebe so im Augenblick, ohne Zeitgefühl, wie im Märchen. Stift Göttweig, die entleerte Kirchenhochburg – eine mögliche Kulisse für dieses Gefühl – und ab ins Reich der Träume.

## Hellerhof

Frühstück mit hohem C – schweigend esse ich mit den Patres Clemens und Coloman. Nur noch wenige Priester leben in Göttweig und betreuen umliegende Kirchgemeinden. Der Rundgang um den ganzen Klosterkomplex wird zum ausgedehnten Morgenspaziergang. Nachdem ich mir auch noch die Kirche angeschaut habe, steige ich den Hügel hinunter nach Paudorf.

Nach Neustadt, 22. 7. 2003

Da hat es zwar noch ein „Briefkasterl", aber keine Post und auch keinen Dorfladen mehr. Dafür liegt der Hellerhof in der Nähe.

### Der Pilgerfreund

Zwei Arbeiter sind daran, die Klosterkirche der Pilgerherberge Hellerhof weiss anzumalen. Pfarrer Udo Fischer finde ich in der Küche: Offenes, freundliches Gesicht, warme Augen, Lachfältlein, graues Lockenhaar, brauner Schnurrbart. Als er von meiner Pilgerfahrt hört, bietet er mir einen Stuhl an und verschwindet. Bald kommt er zurück mit Wiener Gebäck und braut mir einen Milchkaffee. Er erzählt mir vom Jerusalempilgern. Er selbst habe schon lange vor, einmal diese Pilgerwanderung zu machen – auf den Spuren des Bischofs Altmann. Udo gibt mir dessen Geschichte vor der schlichten, stumm-stilisierten Ritterstatue in der modernen Kapelle zum Besten:

„Bischof Altmann war 25 Jahre lang Bischof der grössten deutschen Diözese Passau. Als Kaplan hat er mit 7000 Adligen seiner Zeit – Bischöfen, Äbten, Äbtissinnen – an einer grossen Wallfahrt ins Heilige Land teilgenommen. Im Herbst 1064 sind sie aufgebrochen, im Frühjahr 1065 waren sie vor Jerusalem. Man erwartete die Wiederkunft des Herrn zu Ostern. Viele erwarteten gleichzeitig den Weltuntergang. Nun, sie wurden zwei Tagereisen vor Jerusalem in Kämpfe mit Arabern verwickelt. Sie sind daher mit zweiwöchiger Verspätung in Jerusalem angekommen. Da sie nicht rechtzeitig dort waren, konnte auch die Welt nicht pünktlich untergehen …"

Im Garten zeigt mir Udo Fischer Wellingtonien, die ein Pfarrer einmal hier im Wald gesetzt hat. Sie haben sich zu mächtigen Bäumen entwickelt. In ihrem Schatten steht ein Steinaltar, dessen Geschichte er mir auch anvertraut: „Die Steine stammen aus einem Dorf, das im Mittelalter eingegangen ist. Das Dorf gehörte zuvor einem Ritter Wolfke, der am ersten Kreuzzug nach Jerusalem teilgenommen hat. Das war ein sehr schlauer Ritter: Bevor er weggezogen ist, hat er sein Hab und Gut an zwei verschiedene Herren doppelt verkauft. Die haben dann gestritten, solange er weg war. Man rechnete damit, er komme nicht mehr zurück; aber, siehe da, er ist wieder gut heimgekommen und hat dafür dann dem Benediktinerkloster Göttweig eine reiche Stiftung gegeben."

Zwei Stunden kennen wir uns und sind Freunde geworden. Beim Abschied drückt mir Udo 120 Euro in die Hand: „Eine Spende, die ich soeben in der Bäckerei erhalten habe. Die kannst du gut gebrauchen."

### Ackerbälle

Ich denke an meinen Vater, als ich durch grosse Kürbisfelder wandere, an den Gemüsegürtel, der ihn als Geografen die Nähe grosser Städte riechen liess. Da liegen sie im grün-grauen Kraut, die Kürbisse, dunkelgrünglänzend, gelb-grün gestreift, für den Wiener Markt prall und in Rekordzeit herangewachsene Bälle, umgeben von sanften Hügeln, Pappel-Alleen, bei Inzersdorf, Walpersdorf mit seinem vom rasenbewachsenen Burggraben umgebenen Schloss.

Schönbühel und Melk, 23. 7. 2003

## Luftschutz in Herzogenburg

In Herzogenburg picknicke ich auf dem Hauptplatz. Ein Sattelschlepper steht leer da. Der Motor läuft. Ich sitze in Dieselgas-Schwaden. Ich halte nach dem Fahrer Ausschau, ohne Erfolg. Da öffne ich die Fahrerkabine und drehe kurz entschlossen den Zündschlüssel nach links. Der Motor stottert und erstirbt. Da rennt einer brüllend auf mich los, beruhigt sich aber erstaunlich schnell, als ich ihm klipp und klar erkläre, ich sei nicht aus der Schweiz nach Herzogenburg gewandert, um bei meinem Picknick seine krebserregenden Abgase zu inhalieren.

## Holzwege

Die Wälder haben es wirklich in sich – immerhin ist es schattig, als ich stundenlang im Gutenbrunnerwald umherirre. Viel versprechende Wege entpuppen sich als Holzwege, die plötzlich im Brennnessel- und Brombeergebüsch enden; aber schliesslich gelange ich doch nach Langmannersdorf. Hat da schon einmal ein Mann so lange gebraucht, um anzukommen?

## Die blaue Stunde

Sonnenuntergang – die Tageszeit, wo Hasen auf den Äckern herumhoppeln, Rehe sich aus dem Wald heraus getrauen. Mir wird im letzten Tageslicht bewusst, wie viele Sonnenauf- und -untergänge ich in den letzten Wochen miterlebt habe und wie oft ich sie verpasse, wenn ich nicht zu Fuss unterwegs bin. Zwei Reiterinnen schaukeln mir entgegen. Die Pferde werden nervös.

„Bitte nicht mit der Fahne wackeln!", ruft mir die vordere Reiterin ängstlich zu.

## Unterkunftssuche in Würmla

Es ist schon dämmerig, als ich in Würmla ankomme. Es ist das erste Mal, dass ich nur mit Mühe und Not eine Unterkunft finde. Der Gasthof Burger hat gerade Betriebsferien, das Wirtshaus nebenan keine Zimmer. Der Pfarrer ist nicht erreichbar, und offenbar ist Würmla nicht gerade Touristenattraktion und bietet keine Privatzimmer zum Übernachten an. Wien ist nah und saugt die Gäste aus dem Umland ein. Als Licht im Gasthof Burger angeht, klopfe ich an und werde trotz Ferienbetrieb doch noch eingelassen.

## Sieg ohne Sieger

Natürlich verirre ich mich auch im nächsten Wald. Ich komme wieder an einem ganz anderen Ort heraus als die Karte verspricht, in Plankenberg. Auf der Bundesstrasse 1 gehe ich eine Viertelstunde lang zurück; aber wer nicht aufgibt, wird hier mit Ortsnamen belohnt – Siegersdorf, Sieghartskirchen. Siegersdorf – ein Pyrrhussieg: Wegen Stadtnähe ist die Ortschaft ausgeblutet – kein rechter Dorfladen mehr; die öde Beiz düster, leer; die Kirche winzig, geschlossen.

Umso schöner dahinter der Heuberg – zum ersten Mal, dass ich mich im Wald *nicht* verirre. Ein Zaunkönig fliegt mir auf dem Weg voran. Er verschwindet in einem Holzstapel, taucht wieder auf, fliegt ein und aus.

## Kafkaesk

Sieghartskirchen zeigt sich häppchenweise – zuerst auf der Landkarte; dann wächst mir ein Kirchturm am Ackerhorizont entgegen; nun schon zwischen den ersten Häusern; und bald mitten in der Stadt.

Mittagszeit, Affenhitze. Ich habe einen Riesendurst und kann ihn lange nicht stillen – ein kafkaeskes Erlebnis: Der erste Gasthof verkündet auf dem Wirtshausschild „Ganzjährig geöffnet". Heute ist er es aber nicht. Auch die nächsten fünf Restaurants sind alle geschlossen. In einer Anlage sehe ich einen Brunnen mit Wasserfontäne. Sie ist aber so weit vom Brunnenrand entfernt, dass ich sie nicht erreiche. Kein Mensch weit und breit, den ich um Wasser bitten könnte. Ich streune in ein offenes Magazin hinein in der Hoffnung, jemanden zu treffen. Da fährt ein rotes VW-Cabriolet in den Hof ein. Eine barsche Stimme fragt: „Suchen Sie etwas?" Ich kann dann am Gartenschlauch trinken und meine Wasserflasche auffüllen, während mein Wohltäter mit einer Schaufel frischen Hundekot aus dem Rasen klaubt. Unterdessen wird beim dritten zuvor angepeilten Restaurant eifrig für ein Fest gedeckt, obwohl es Betriebsferien hat. Da bekomme ich auch einen gespritzten Apfelsaft. In einem der letzten Häuser störe ich ein Ehepaar beim Sonnenbad, um nochmals Wasser nachfüllen zu können. „Ja, es ist sehr ruhig hier – Ferienzeit!", meint der Mann, und die Frau im Bikini dreht sich auf den Bauch.

## Wald I – Massaker im Wald

Nun trennt mich nur noch der Wienerwald von Purkersdorf und Wien. Bald befinde ich mich in der Nähe einer klaren Quelle in einem Paradies von Mauerresten. Es grünt und blüht und wimmelt von Schmetterlingen, grossem, kleinem Fuchs, Pfauenaugen, Schwalbenschwänzen, Zitronenfaltern. Ein Reh bellt in der Nähe. Ich lese auf einer Tafel: „Hier war einmal ein Franziskaner-Kloster. Es wurde zwischen 1455 und 1460 gebaut" – zur gleichen Zeit, als die Universität Basel eröffnet wurde. „1509 ist es zum ersten Mal abgebrannt, anschliessend wurde es wieder aufgebaut. Am 26. September 1529 wurden 22 Mönche von den Türken getötet. Das Kloster wurde zerstört." Was für ein Kontrast zwischen dieser blutigen Geschichte und dem tiefen Frieden an diesem Mittag!

## Wald II – Wienerwald

„Wer hat dich, du schöner Wald, aufgebaut so hoch da droben …" Dieses Eichendorff-Mendelssohn-Lied klingt mir im Herzen, als ich durch die Buchenhallen des Wienerwalds ziehe. Die Bäume mächtig, die Kronen hoch oben, die Stämme stehen dicht, und Rufen und Singen hallen wie in einer Kathedrale. Genügend Licht fällt bis zum Boden – er ist bedeckt von einem dichten, niederen, grünen Pflanzenteppich. Mitten im Wald steht auf einem Hügel der Aussichtsturm Troppberg, so luftig und schwindelerregend wie ein Hochspannungsmast, um den sich eine Drahtgittertreppe windet. Ich bekomme feuchte Augen, als ich nach genau vier Wochen Wandern hinter Wald und der ins Grün eingebetteten Ortschaft Gablitz in der Ferne Wien daliegen sehe, den Stephansdom erahne.

Dass wir gehen können, so ein Wunder! Füsse und Beine ermöglichen eine kontinuierliche Bewegung. Die

Landschaft zieht langsam vorbei; und immer wölbt sich der Himmel wie ein Dach über uns; und dort auf dem Aussichtsturm spüre ich zum ersten Mal die bewanderte Erde als grosse Kugel, mit ihrer Krümmung, Schönheit, Verletzlichkeit.

## Wald III – Leihweise im Wald

Die Sinne werden sehr sensibel. Zuerst nimmt meine Nase feinen Tabakgeruch in der frischen Waldluft wahr. Dann höre ich Lachen und hallende Stimmen, ein Ausspucken und „Pfui, Teufel!" Und dann sehe ich sie – einen untersetzten, gemütsvollen Mann mit Pfeife, verschwitztem Leibchen über seinem Kugelbäuchlein, zwei sportlich gekleidete Frauen. Er sieht das Sonnentuch auf meinem Rucksack. Als ich ihn überhole, ruft er mir nach: „Unter der lachenden Sonne, was!?" „Kommen Sie aus Purkersdorf?", frage ich. „Ach nein, wir sind nur leihweise in diesem Wald."

## Wien bleibt Wien

Vier Wochen durchquerte ich zumeist ländliche Gegenden und war oft allein.

Nun finde ich mich plötzlich im grossstädtischen Festtaumel: Vor dem Rathaus sorgt eine Dixieland-Jazzband für Stimmung. „Geschäftlich ist die Kiss-Margret, noch immer erste Qualität, sie hat 'nen grossen Kundenstoack, wir oalle gehn zu ihr – foast oalle Toag", sülzt ein grauer Panther, knetet das Mikrofonkabel und wippt mit seinen Birkenstöcken unter dem Transparent „Aktion Sauberer Rathausplatz" und einem gelben Sonnenschirm. Der Rudi Steger lässt seine Trommeln und Be-

cken tanzen und strahlt über das ganze Gesicht, und auf den Brillenbügel des Banjo-Spielers zaubert die Sonne blendende Sterne. Auch Bäume sind wer in Wien – am Burgring wurde ein Tramhäuschen um zwei grosse Platanen herumgebaut.

Als ich in Wien ankomme, bin ich überwältigt von dieser Stadt am warmen Sonntagabend – Glockengeläute der Kirche Maria am Gestade, der blaue Glasfenster-Stern im Chor, der leuchtende Sonnenstrahlen-Kranz hinter dem Kruzifix. Ich platze im Stephansdom direkt in die Abendmesse, Hunderte von Kerzen flackern. „Der Friede des Herrn sei mit Euch"!, sagt gerade der Priester mit erhobenen Armen. Alle geben sich die Hand zum Friedenswunsch. Die Orgel spielt die Melodie von Heinrich Schütz „Aller Augen warten auf Dich, Herre, und Du giebest ihnen ihre Speise zu seiner Zeit …"

## Freunde

Vor dem Stephansdom vergnügen sich viele Menschen. Zwei Akrobaten, nur mit Slips bekleidet, bewegen sich zu Musik. Der eine macht einen Kopfstand auf dem Rücken des anderen. Mit konzentrierter Zärtlichkeit bewegen sich die schönen, muskulösen Körper an- und umeinander. Ihre beiden Körper werden zu einer Form; ihre beiden kräftigen Haarschöpfe werden zu einem. Sie seien aus Chile, Freunde, die seit fünf Jahren zusammen üben. Ihr kraftvoller Tanz, ihr behutsames Aufeinandereingehen berühren mich tief und wecken die Sehnsucht nach einem zärtlichen Freund.

## Heilbad

Ich wohne im Hilton Plaza, in einer grossen Suite. Zum Empfang stehen Früchtekorb, Pralinen und ein Taschenmesser im Kreditkartenformat bereit. Dank der Hilfe von Urs Hitz vom Basel Hilton kann ich zu erschwinglichem Preis – verträglich mit meinem bescheidenen Budget – hier wohnen. Was für ein Luxuspilger! Und doch: Wie wunderbar, Schmutz, Schweiss, Hornhaut und Zeckenbisse vom letzten Monat in einem langen heissen Bad aufzuweichen und abzuspülen!

## Mozart feiern

Ich schlürfe Wiener Kultur in vollen Zügen. In einem Mozartkonzert schwingen in der Musik Schönheit, Naturklänge, viele Eindrücke der letzten vier Wochen mit. Die Musiker spielen in historischen Kostümen, mit tief empfundener Musikalität. Sie bringen Zärtlichkeit, Freude und Grazie dieser himmlischen Musik wunderbar zum Ausdruck. Der Schalk des Dirigenten – er bezieht das Publikum mehrmals mit ein – wird spürbar, und mir ist fast, als stünde Mozart dort vorne auf dem Dirigentenpodest, in Puderperücke und Schnallenschuhen, und geniesse mit dem Orchester seine Musik.

## Original Sacher

Dann komme ich beim Hotel Sacher vorbei, setze mich an eines der kleinen Kaffeehaustischchen. Ich bestelle Tee und ein Stück Sachertorte: „Was für ein historischer Moment, dass ich ein echtes Stück Sachertorte mit Schlagobers geniessen kann." Darauf die Serviererin:

„Sie werden es nicht bereuen." Als ich zahlen will, sage ich: „Ich habe es nicht bereut." Darauf sie: „Das freut mich; aber es erstaunt mich keineswegs. Sie wären der Erste gewesen …"

## Im Lebensministerium

Seit Tagen habe ich versucht, eine Audienz bei Bundespräsident Klestil zu bekommen. Das Präsidialamt weist mich an Bundeskanzler Schüssel. Das Kanzleramt reicht meine Anfrage an Umweltminister Pröll weiter. Dieser sei auf dem Weg in die Ferien, und so empfängt mich sein Kabinetts-Chef Direktor Fritz Kaltenegger, im Bundesministerium für Land- und Forstwirtschaft, Umwelt und Wasserwirtschaft – das Logo beim Eingang zeigt ein Quadrat mit vier Feldern, eine Strichlandschaft, ein Baum, eine Sonne und zwei Wasserwellen. Darunter steht in Handschrift „Das Lebensministerium", das den langen Amtsnamen sympathisch zusammenfasst.

Fritz Kaltenegger bestätigt meinen Eindruck: Österreich ist schon weit fortgeschritten bei der Nutzung erneuerbarer Energien und beim Erreichen hoher Energieeffizienz. Schon seit zwanzig Jahren werden unter dem Stichwort „Wertschöpfung im ländlichen Raum" Einnahmequellen für die Landwirtschaft gesucht. Holzverwertung spielt dabei eine grosse Rolle. Betriebe haben führende Heizsysteme entwickelt, die heute weltweit exportiert werden, u. a. Holzschnitzelfeuerungen und Heizkessel für Pellets. Aus der Bewegung „Sonnenkollektoren im Selbstbau" ist auch ein starker Gewerbszweig entstanden. Mit der Zeit hat sich in Österreich die Kollektorfläche jährlich fast verdoppelt. Ein gütiges Geschick hat mitgeholfen: Das einzige Atomkraftwerk in

Zwentendorf wurde nie in Betrieb genommen! Im Bewusstsein der Bevölkerung hat sich die Erkenntnis entwickelt: Ökologischer und ökonomischer Fortschritt gehen Hand in Hand. Wir vereinbaren Zusammenarbeit zwischen dem Basler Energieforum sun21 und dem Lebensministerium.

## II Gib ihm die Kamera zurück!
Wien – Istanbul:
30. 7. – 18. 9. 2003

### Dank euch!

Als ich durch die Donau-Auen auf Hainburg zuwandere, denke ich dankbar an die vielen Menschen, die diese Landschaft vor der Zerstörung durch einen Staudamm geschützt haben. In den Nachweihnachtstagen 1984 drohte die Rodung. Hunderte, später Tausende besetzten das Gelände in bitterer Kälte, campierten. Holzfäller und Polizei fuhren auf. Diese schlug brutal drein – die Bilder erschienen am Fernsehen, und gleichentags demonstrierten Tausende vor dem Stephansdom. Der Künstler Friedensreich Hundertwasser zerriss seine Ehrenbürger-Urkunde vor laufenden Kameras. Er schäme sich, Bürger eines Landes zu sein, das so mit Naturschützern und Naturschützerinnen umgehe. Heute sind die Donau-Auen als Nationalpark geschützt.

### Polizist ohne Salär

Bad Deutsch-Altenburg: An einer geraden, leicht geneigten Strassenstrecke – zur Rennstrecke prädestiniert –
steht ein strammer Polizist in blauer Uniform und weisser Schirmmütze, mit sauber gestutztem, grauschwarzem Bärtchen. Ich grüsse ihn – und merke, er ist aus Blech. Es erheitert mich noch lange, was meine Kurzsichtigkeit und gutes, wirklichkeitsnahes Handwerk an Sinnestäuschung zustande bringen. Und offenbar wirkt er – bei geringen Lohn- und Sozialkosten: Die herannahenden Autofahrer stehen alle eine Weile auf die Bremse.

### Haydn – ein Glücksfall

In Hainburg geht es auf Kopfsteinpflaster zur alten Stadtmauer, durch das Fischertor, unter einem alten Wehrturm hindurch. Es sei das jüngste der drei Stadttore, wurde aber noch vor dem Rütlischwur von 1291 errichtet. Rote Rosen blühen am verwitterten Gemäuer. Eine Marmortafel erinnert an düstere Zeiten: „Dem Andenken der am 12. Juli 1683 nach Erstürmung der Stadt von den Türken niedergemetzelten Einwohner Hainburgs". Einer der Grossväter von Joseph Haydn versteckte sich in einem alten Gemäuer und entging wie ein Wunder dem Massaker. Er war einer von ganz wenigen Überlebenden. Ohne diese gütige Fügung müsste die Welt ohne Haydns Musik auskommen.

### Fahrer segnen

Ab Ungarn ist die Zeit der Wanderwege und der abwechslungsreichen, lieblichen österreichischen Landschaften vorbei. Von nun an wandere ich fast ausschliesslich auf Asphaltstrassen, zumeist Nebenstrassen mit wenig Verkehr. Auf der Karte ziehe ich mit Lineal und Bleistift einen Strich quer durchs Land und schaue dann,

Donauauen vor Hainburg, 29. 7. 2003

welche kleinen Strassen ich in der Nähe des Bleistiftstrichs wählen könnte. Damit mich die Autos mit ihrem Lärm und den Abgasen nicht so sehr stören, winke ich den Insassen und sende ihnen gute Gedanken, einen Segen für Gesundheit, Unfallfreiheit, Freude am Leben. Viele winken zurück. Diese Kontaktaufnahme gibt mir Energie und verändert meine Einstellung zum Verkehr wohltuend.

## Verlässliche Füsse

Ich staune, wie sich der Körper der Dauerbelastung anpasst: Im ersten Wandermonat entwickeln sich noch kleine Blasen unter den Sandalenriemen. Jetzt hat sich dort eine kräftige Hornschicht gebildet – die „Blasenzeit" ist vorbei. Ich bin meinen Füssen und Beinen so dankbar. Am Abend spüre ich sie schon manchmal; selten tun sie auch einmal weh. Doch im Grossen und Ganzen tragen sie mich weit, ohne besondere Probleme.

Das Schlafbedürfnis nimmt deutlich ab. Normalerweise brauche ich mindestens acht Stunden Schlaf. Jetzt komme ich mit fünf bis sechs Stunden aus. Napoleon soll über den Soldatenschlaf gesagt haben: „Cinque heures pour un soldat." (Fünf Stunden für einen Soldaten). Früher fand ich diese Aussage brutal; jetzt verstehe ich sie. Napoleons Armeen waren ja auch ständig zu Fuss unterwegs.

## Kein Platz im Pfarrhaus

In sechs Tagen wandere ich von Wien über Györ und Tata nach Budapest. Brunhilde und Helmut, Eheleute

aus der Eiffel, die die gleiche Strecke mit dem Fahrrad zurücklegen, sind jeweils erstaunt, wenn ich nach einer Tagesetappe sie wieder zu Fuss einhole. In Tata trennen sich unsere Wege.

Die Pension Morisson ist das einzige Gasthaus in Perbal, der letzten Ortschaft vor Budapest. Alle drei Zimmer sind bereits besetzt. Die Wirtin weist mich an den Priester. Neben der Kirche liegt ein grosses Pfarrhaus. Das Gartentor ist offen. Ich gehe hindurch, läute an der Tür, klopfe. Niemand da. Ich denke mir, in den vielen grossen Räumen wird sich schon ein Platz finden, wo ich meinen Schlafsack ausrollen kann. Ich besichtige die Kirche und komme zurück. Da stosse ich mit dem Priester zusammen. Er spricht Englisch. Ich sei auf der Pilgerschaft nach Jerusalem und Bethlehem. Ob ich bei ihm im Pfarrhaus übernachten könne. Nein, das sei nicht möglich. Ob er im Dorf jemanden kenne, der ein Zimmer für eine Nacht vermietet. Nein, das gebe es hier nicht, sagt er mit süsslichem, bestimmtem Lächeln. Ausser in der Pension könne man in Perbal nirgends übernachten. Perbal sei zu klein. Ich solle nach Budapest. Da habe es Platz. Ich kann es nicht fassen: Eine Ortschaft mit über 2000 Menschen und keine Unterkunft für einen Wanderer, der in der Hitze 50 km hinter sich hat. Ich mag noch nicht aufgeben; aber der Priester zieht das Gartentor zu und schliesst es ab.

Ich gehe auf der Strasse 3 km nach Tök zurück, wo ich zuvor ein Motel gesichtet habe. Dort komme ich in einem schmutzigen Bungalow unter. Als Erstes schreibe ich dem Priester einen Brief. Ich sei empört über diese Abweisung: Nun, er habe vielleicht schlechte Erfahrungen mit Kostgängern gemacht. Immerhin – für eine Erfahrung sei ich ihm dankbar. Ich hätte dank ihm am

Bratislava, 30. 7. 2003

eigenen Leib erlebt, was Maria und Joseph in Bethlehem erfahren haben …

Nach dem Schreiben des Briefes ist mir wohler; und ich werde mir bewusst: Es ist die erste negative Erfahrung, nach so vielen Erlebnissen herzlicher Gastfreundschaft. Fritz Wartenweilers „Inenander rächne" (ineinander rechnen) kommt mir in den Sinn. Dieser väterliche Freund, ein bekannter Schweizer Erwachsenenbildner, hat mich viel gelehrt über gesundes Leben und Gewaltlosigkeit. Darunter war auch sein Rat, bei negativen Erlebnissen diese durch das Denken an erfreuliche Erfahrungen auszugleichen.

## Freinacht im Motel

Gerade, als ich mich erschöpft zum Schlafen hinlege, geht es los: Ohrenbetäubende Musik, schnelle Bässe, ein Riesenlärm unmittelbar neben dem Motel. Ich stehe auf, kleide mich wieder an und gehe nachschauen. Eine Dorfhochzeit in einem offenen Saal ist in vollem Gange. Als Lärmquelle mache ich zwei fröhliche Musikanten, ein Keyboard und eine sehr leistungsstarke Verstärkeranlage aus. Es dauere bis zum Morgen. Ob ich etwas trinken wolle? Ich ergebe mich in mein Schicksal und bestelle einen Orangensaft, auf Kosten der Hochzeiter. Eine blonde Dame holt den Zaungast zum Tanz. Sie schreit mir ins Ohr, was mich nach Tök führe. Ich schreie zurück, warum ich diese Pilgerwanderung mache. Sie schreit, sie fände diesen Gedanken sympathisch. Wir tanzen in einer Wolke von Parfum und Alkohol. Ich schaue noch eine Weile den fröhlich walzernden Menschen zu, alte, junge, dicke, dünne; schwarze Gilets, weisse Puffärmel, um die schöne, weisse Brautprinzessin

herum. Dann wanke ich in meinen Bungalow zurück und mache einen zweiten Schlafversuch. Ich bin so müde, und so schlummere ich in Musikpausen immer wieder ein wenig ein. Die nächste Tanzrunde reisst mich dann wieder aus dem Schlaf, ein nicht eben erholsames Intervalltraining.

## Im Sog von Budapest

Wie bei Wien und später bei Istanbul, Ankara, Beirut, Damaskus gehört auch das Einlaufen ins Zentrum von Budapest zu den mühsamsten Strecken meiner Reise. Der Durst ist kaum löschbar – alle Stunden schütte ich einen Liter Flüssigkeit nach. Einmal esse ich drei reife, sehr süsse Pfirsiche, die eine junge Frau an der Strasse verkauft.

Mit der Zeit wird es städtischer, die Häuser immer grösser. Ein älteres Ehepaar trippelt mit kleinen Schritten vor mir her und schaut sich immer wieder nach mir um. Ihr müsst doch keine Angst vor mir haben, denke ich. Doch dann merke ich, dass sie auf den von hinten heranfahrenden Bus achten und ihn bei der nächsten Haltestelle gerade noch erreichen.

## Versuchung und Weltschwere

Die Zeit in Budapest verbringe ich mit Besuchen. Einmal auf dem Heimweg spüre ich starke Lust auf Sex. Unterwegs in ländlichen Gegenden spüre ich den Geschlechtstrieb kaum. Doch in der Stadt erwacht er. Ich komme an einem Sex-Shop vorbei, gehe jedoch nicht hinein. „Nichts für Pilger", mahnt eine innere Stimme. Ich gehe weiter. Fast wäre ich wieder umgekehrt, da sehe ich Istvan. Ein grosser, schwerer Mann stützt sich auf ein Strassengeländer und ringt um Halt. Seine Knie brechen fast ein. Mit grosser Mühe rappelt er sich immer wieder auf. Ich gehe zu ihm und biete ihm meine Hilfe an. „Bringen Sie mich bis zur Pizzeria dort drüben!" Unterdessen bietet auch ein junges Paar Hilfe an – sie Ungarin, er Engländer. Mit vereinten Kräften versuchen wir, den Mann zum Pizza-Restaurant zu schleppen. Schwer hängt er an meinem Hals. Immer wieder droht er zusammenzubrechen. Ganz langsam kommen wir voran, unter Aufbietung aller Kräfte. Gefühle überwältigen mich: Bei wie viel Leid habe ich weggeschaut! Istvan bringt mich in diesen Minuten in Verbindung mit der ganzen Schwere dieser Welt. Der Pizzawirt weist Istvan ab: „Ein Taxi soll ihn heimfahren." Der Taxichauffeur lehnt auch ab, fühlt sich überfordert. „Ich fahre ihn nur mit Begleitung heim." Die jungen Leute begleiten Istvan, wir teilen die Kosten. Nachdenklich, tief bewegt gehe ich ins Hotel zurück, an der erleuchteten Kathedrale vorbei. Ein Windhauch bewegt die aus Sonne und Sichelmond bestehende Windfahne um neunzig Grad. Sie ist nun gut sichtbar, golden vor dem schwarzsamtenen Abendhimmel.

### Das „Dorf" im Wald

Ein paar Stunden nach Budapest komme ich in einen grossen Wald. Auf der Karte sind ein gerader Weg quer durch diesen Wald und ein Dorf mitten im Waldgebiet – Potharaszt-Puszta – eingezeichnet. In einer Drogerie, wo ich Sonnenschutz-Crème kaufe, frage ich, ob es sich wirklich um ein Dorf handle. „Ein Dorf? Namens Potharaszt-Puszta? Nie gehört. Da finden Sie weit und breit keine Unterkunft." „Da ist sicher eine Siedlung;

sonst wäre doch auf der Übersichtskarte nichts eingezeichnet", denke ich mir.

In der Nähe des Waldrands campieren junge Soldatinnen in braunen Khaki-Uniformen. Aus schönen, dunklen Augen schauen sie mich erstaunt an. Nicht viele Wanderer kommen da vorbei. Auch sie wissen nichts von Potharaszt-Puszta. Bald merke ich: Die Wege auf der Karte und die wirklichen Waldwege stimmen nicht überein. Zum ersten Mal krame ich den Kompass hervor, um die Südost-Richtung nicht zu verlieren. So folge ich stundenlang Wegen, die mehr oder weniger nach Südosten führen. Langsam wird es Abend. Zum Glück ist es warm und trocken – auch wenn ich mich völlig verirre, kann ich gut irgendwo im Wald übernachten.

Wo auf der Karte der Weg gerade durch den Wald führt, treffe ich plötzlich auf eine Weggabelung. Ich habe keine Ahnung, welchen Pfad ich wählen soll. Ich denke an ein Märchen: Einer, der sich im Wald verirrt hat, setzt sich hin, schliesst die Augen und spürt in sich hinein, in welche Richtung es ihn zieht. Ich tue dies, und wirklich: Es zieht mich eindeutig auf den Weg, der nach rechts führt. Nach einer weiteren Stunde gabelt sich der Weg erneut. Und jetzt – rechts oder links? Wieder setze ich mich hin und lausche auf eine Antwort. Da höre ich ganz in der Ferne von rechts her Hundegebell. Wo Hunde sind, hat es sicher auch Menschen. Ich folge dem rechten Weg. Nach einer Viertelstunde kommt ein brauner Jagdhund auf mich zugerannt und umschwänzelt mich. Bald treffe ich auf eine grosse Waldbaracke. Zwei Männer sind dort. Als sie von meiner Pilgerwanderung hören, sind sie sehr freundlich. Der eine stellt sich als Pilot der ungarischen Fluglinie Malev vor. Er spricht gut

Englisch. Er ist gerade am Aufbrechen. Der andere ist Jagdaufseher. Er spricht nur ungarisch.

Die Baracke ist das Jagdhaus Potharaszt-Puszta, das auf der Karte als Dorf eingezeichnet ist. Aus einem Hühnerhof kräht ein heiserer Hahn. Um ein paar Bäume herum sind schön gepflegte Blumenrabatten angelegt. Ich könne gut hier in der Jagdhütte übernachten, dolmetscht der Pilot nach Rücksprache mit dem Jagdaufseher Mihaly Szuroczki. Dieser weist mir ein grosses Zimmer mit Sofa und Jagdtrophäen zum Schlafen zu und lädt mich zu einer Solardusche ein: In eine schwarz angemalte Tonne über einem kleinen Duschehäuschen wird mit dem Gartenschlauch Wasser gespritzt. Die Sonne heizt es tagsüber auf. Nun muss noch kaltes Wasser nachgefüllt werden; der Tankinhalt wäre sonst zu heiss. So lasse ich mir bald das warme Wasser über den Körper rinnen. Durch einen Fensterschlitz auf Augenhöhe habe ich eine wunderbare Aussicht auf den abendrot-goldenen Himmel. Die untergehende Sonne versteckt sich hinter einem Wolkenbollwerk, das sie mit einem leuchtenden Strahlenkranz umgibt. Mihaly stellt mir einen Kräutertee hin und fährt dann mit seinen Hunden davon. Er sei morgen früh um fünf Uhr wieder da. Kaum ist er abgefahren, merke ich: Ich habe nichts zu essen. Hungrig gehe ich schlafen.

## Geführt

Mihaly weckt mich mit einer Tasse Kaffee mit viel Zucker und Milchpulver – was ich sonst stehen liesse, erlebe ich jetzt als Wohltat auf den leeren Magen. Er führt mich auf den richtigen Waldweg und winkt mir noch lange. Bald kommt wieder eine der verunsichernden Weggabelungen; aber auch diesmal kommt Hilfe: Ein grosser, zottiger Bernhardinerhund holt mich ein, geht mir auf einem der beiden Wege ein Stück voraus, hält an, blickt nach mir zurück. Ich folge ihm. Er rennt mir wieder eine Strecke voraus, hält, blickt wieder zurück; das wiederholt sich mehrmals, bis er plötzlich kehrtmacht und an mir vorbei den Weg zurückwetzt und verschwindet. Bald komme ich auf eine Lichtung, wo eine Strasse den Wald durchquert. Da steht ein neues Restaurant – ein reichhaltiges Frühstücks-Buffet wartet auf meinen Bärenhunger – wirklich wie im schönsten Märchen.

## Bitte keinen Knast

Das Ungarische erlebe ich als kräftige, eigenwillige Sprache. Man schreibt Nagykörös und sagt Nodschkörösch. Die Sprache passt zu vielen Ungaren mit ihren breiten, kräftig geschnittenen Gesichtszügen. Als ich in der Pizzeria nach einem Zimmer frage, sucht die gestresste, junge Frau auf einem Tablar zwischen Schnapsflaschen und Zigarettenschachteln fahrig nach einem Schlüssel. Ihr Partner, ein magerer, blasser Mann mit Rossschwanzfrisur führt mich durch einige Gänge und über eine Treppe zum Zimmer Nummer 7. Dies ist ein fensterloser, schmutziger Zimmerschlauch. Es stinkt nach Rauch. Auf dem Bett liegt eine fleckige Matratze; keine Bettwäsche, kein Lavabo. Ich solle bald wieder in die Gaststube kommen. „Wozu?" frage ich. „Zum Zahlen."

Ich schaue mich etwas um. Ich scheine der einzige Gast zu sein. Neben dem Schlauch Nummer 7 hat es Zimmer mit Tageslicht und sauberen Betten, zum Beispiel das Zimmer 9. Ich gehe nach unten und erkläre, ich könne unter keinen Umständen im Zimmer 7 schlafen.

65

Vor Budapest, 3. 8. 2003

Ich sei einmal wegen Dienstverweigerung im Gefängnis gewesen, und dieses Zimmer erinnere mich an ein Gefängnis der übelsten Sorte. Das tue ihm leid, sagt er schon etwas freundlicher; aber die Zimmer seien alle gleich. Dann solle er mir das Zimmer 9 geben. Er nuschelt wieder zwischen Schnapsflaschen und Zigarettenschachteln herum und findet nach einigem Suchen den Schlüssel. Das Zimmer ist hell. Es hat ein Lavabo. Das Bett ist sauber angezogen.

## Seelenfreund

Dénes Lédeczi, der 33-jährige Priester von Csépa, nimmt mich wie einen alten Freund auf. Er spricht recht gut deutsch. Wir entdecken die gemeinsame Freude an deutscher Poesie. Er kocht mir ein gutes Nachtessen. Lange sprechen wir über den Glauben, der sich für uns beide im Tun bewähren muss. Meine Wanderung erlebt er als eine Art Friedensarbeit – die zahlreichen Begegnungen von Land zu Land, das Wandern für ein Herzensanliegen. Ich spüre bei ihm auch viel Mitgefühl für Minderheiten – er leidet zum Beispiel daran, wie arm die Zigeuner im Dorf seien und wie wenig Möglichkeiten er habe, ihnen zu helfen.

Am Morgen zeigt er mir die Kirche, eine Jakobskirche. Über dem Altar steht der Heilige Jakobus mit dem Pilgerstab – wieder einmal auf einem Jakobsweg! Bevor ich am nächsten Morgen aufbreche, sagt mir Dénes, ich könne für die kommende Nacht bei seinem Priesterkollegen in Mindszent unterkommen. Er habe mich dort angemeldet. In seiner Stimme ist ein Zögern. Ich weiss noch nicht, warum.

## Verweigertes Abendmahl

Im grossen Pfarrhaus vis-à-vis der Kirche in Mindszent werde ich schon erwartet. György Berlocki, der Priester, redet kein Wort in einer Fremdsprache. Er hat jedoch einen Bibellehrer eingeladen, der Englisch spricht und als Dolmetscher fungiert. Im Hause herrscht und kocht die 82-jährige Mutter des Priesters. Sie hat ganz klare und feste Meinungen, weiss ganz genau, was gut, was böse ist. Sie macht keinen Hehl daraus: Für sie gibt es nur einen richtigen Glauben, und das ist der römisch-katholische. Wer nicht diesem Glauben anhängt, habe Null Chance, in den Himmel zu kommen. Agnes, die Schwester des Priesters, ist zu Besuch. Mit ihr kann ich mich ganz gut auf Italienisch unterhalten. Sie ist Sängerin, und beim Frühstück hören wir die Aufnahme einer Margarethenmesse, in der sie ein Sopran-Solo singt.

Pfarrer Berlocki lädt mich zur Messe ein. Beim Abendmahl gehe ich auch nach vorne. In der Schweiz habe ich schon mehrere Male von einem katholischen Priester die Hostie erhalten. Für mich ist die Eucharistie ein wunderbares Symbol des Teilens, des Verbundenseins. Brot und Wein, die wir aufnehmen, werden Teil von uns. So ist es auch ein Zeichen dafür, wie wir Teil von allem Lebendigen sind, Teil des Göttlichen, der wunderbaren göttlichen Idee, die dieses Sonnensystem mit ihrer einzigartigen Erde und allem Leben auf ihr geschaffen hat. Für mich ist das Abendmahl heiliges Symbol der Zusammengehörigkeit, der tiefen Verbundenheit mit allen Mitmenschen und unserer ganzen Mitwelt.

Als ich vor den Priester trete, weist er mich zurück. Er winkt mich mit einer wegscheuchenden Geste von sich weg, an meinen Platz zurück. Wie ein übergossener Pudel wanke ich in die Kirchenbank zurück. Wie Wellen schlägt es über mir zusammen. In diesem Augenblick wird mir die ganze Trennung, die gegenseitige Ausgrenzung der verschiedenen Religionen bewusst, gerade bei diesem Ritual, das für mich das Verbindende, das Teilende, das Nährende, das Liebende verkörpert. Am liebsten wäre ich in mein Zimmer gegangen, hätte den Rucksack gepackt, wäre weggeschlichen.

Ich lege mich aufs Bett und denke nach. Eigentlich hätte ich es wissen sollen. Gemäss der immer noch gültigen katholischen Lehre darf kein Priester einem Nicht-Katholiken das Abendmahl geben. Zudem war die Mutter, strenge Hüterin der Lehre, auch in der Messe. Warum habe ich den Gastgeber nur in diese ungemütliche Lage gebracht? Er erscheint nach der Messe nicht zum Essen, und so esse ich schweigend mit Mutter und Tochter.

Später treffe ich den Priester wieder. Ich entschuldige mich, ihn in die schwierige Situation gebracht zu haben. Es tue ihm auch leid, glaube ich zu verstehen.

Wir gehen dann doch herzlich auseinander. Der Priester vermittelt mir für die nächste Nacht eine Unterkunft in Mako bei einer Schwesterngemeinschaft. Auch gibt er mir noch den Segen auf die Reise. Als ich mich von der Mutter und von Agnes verabschiede, haben wir alle Tränen in den Augen.

## Hummelfest

Die Gegend eintönig, flach, heiss, der Himmel gross, Tag für Tag wolkenlos. In dieser einfachen Landschaft kommen die Wunder der Natur besonders stark zur Geltung: Eine feine Pflanze mit violetten Blüten durchsetzt ein grosses Feld. Sie wirft einen zarten lila Schleier über die ganze Ebene. Und wenn ich genau hinsehe, entdecke ich Hunderte von Hummeln, die begierig von Blüte zu Blüte taumeln, so geschäftig, als hätten sie Angst, eine Blüte zu verpassen. Oder schmusende Puszta-Pferde, die sich Mähne und Widerrist gegenseitig zärtlich beknabbern. Das Sonnenlicht beglänzt das glatt-prall-gesunde Fell und den wedelnden Schweif.

## Hoffnungsknospen

Während langer Gehstrecken konzentriere ich mich immer wieder auf das Prioritätsthema. Immer wieder bete ich um den kollektiven Menschheitstraum, der alle Völker erfassen und ihnen helfen möge, ihre Lebensweise zu verändern. Jeder, jede würde die eigene Energiewende einleiten; und zusammen käme die unwiderstehliche Forderung an die Politik, in erster Priorität unseren Selbstmordkurs zu ändern.

Am Tag, an dem ich das schreibe, kommt die Meldung, in den USA hätten die Bürgermeister und Stadtpräsidentinnen von 130 grossen Städten ein Klimabündnis beschlossen. Sie wollen – entgegen der US-Regierung – die Forderungen des Kyoto-Protokolls erfüllen. Der Stadtpräsident von Seattle, Greg Nickels, ist besorgt über die vielen warmen Wintertage in seiner Stadt und hat dieses Klimabündnis initiiert. Auch die Bürgermeister der grössten US-Städte, Los Angeles und New York City, machen mit. So kündet sich das Wunder auf vielfältige Weise an. *(Bis 2010 hat die Zahl dieser engagierten Bürgermeister und Bürgermeisterinnen bereits auf über 1000 zugenommen.)*

## Mako

So könnte es sein, wenn wir nach dem Tod in den Himmel kommen: Da liegt ein grosser Platz mit alten Bäumen im letzten Tageslicht. Ich läute hungrig, durstig, erschöpft an einem grossen Klostertor gegenüber der Kirche. Hedwig und Eszter, Schwestern von Notre Dame, öffnen und nehmen mich auf wie einen alten Freund. Der Tisch ist schon gedeckt, mit kräftigem Schwarzbrot, Butter, Käse, Konfitüre, Tomaten, Gurken, Äpfeln, Trauben – und vor allem Tee, sehr viel Tee, mit dem ich den fast unstillbaren Durst löschen kann. Sie zeigen mir dann einen Raum in einem modernen Turnhallengebäude, wo ich übernachten kann. Ungewohnte Geräusche in der Nacht erwecken in mir den Eindruck, es spuke in Mako.

## Abendritual

Ich weiss nicht, ob im Himmel ein Abendritual noch nötig ist. Doch hier auf der Erde spielt es sich etwa so ab: Zuerst packe ich den Rucksack ganz aus und verstaue die Sachen im Schrank. So kann alles etwas auslüften. Dann nehme ich eine Dusche, wasche die schmutzige Wäsche im Lavabo mit Seife. Ist sie am Morgen noch nicht trocken, schnalle ich sie auf den Rucksack auf. Am Abend ist sie dann meist trocken. Manchmal gibt es etwas zu nähen, kleine Löcher im Fähnlein, in der Turnhose. Dann schaue ich mir die Filmaufnahmen des Tages an und trage auf dem Kassettenzettel die verschiedenen Aufnahme-Sequenzen ein. Anschliessend mache ich den Tagebucheintrag und ergänze, falls nötig, noch eine Zeichnung. Es folgen die allabendlichen Turn- und Yoga-Übungen. Dann zünde ich eine Kerze an und denke an Freundinnen und Freunde. Nachher singe ich das Abendgebet von Bruno Manser und gehe schlafen.

## Salutare România

Bald bin ich an der sechsten Landesgrenze meiner Wanderung. Zwischen der ungarischen rot-weiss-grünen und der rumänischen blau-gelb-roten Trikolore flattert auch schon die Europafahne im Wind. Auch hier treffe ich auf freundliche Zöllner. Es erheitert auch sie, dass da einer zu Fuss daherkommt.

## Warme Herzen

Nach Passieren der ungarisch-rumänischen Grenze werden mir bald Unterschiede zwischen Ungarn und Rumänien bewusst – die rumänische Grenzlandschaft ist topfeben. Sie ist noch stärker ausgeräumt als in Ungarn. Kaum ein Baum, nur selten ein Stück Hecke; endlose Monokulturen, Kulturwüste, Riesenäcker und -felder. Im Gegensatz zu dieser eher abweisenden Landschaft erlebe ich die menschliche Wärme, die mir auf Schritt und Tritt entgegenschlägt. Innert kurzer Zeit halten zwei Autofahrer und ein Lastwagenchauffeur und wollen mich mitnehmen. Doch es hat viel weniger Verkehr als in Ungarn – etwa vier Autos pro Stunde.

## Endlich Pferde

Immer wieder kreuzt oder überholt mich ein Pferdefuhrwerk. Das lässt mein Herz höher schlagen. Oft habe

Vor Cenad, 11. 8. 2003

ich den Eindruck, ich sei in die falsche Zeit hineingeboren worden. Diese Art von Transportmittel ist noch so lebendig, so sinnlich – Hufgeklapper, Schnauben, wogende Mähnen und Pferdeschwänze, der kräftige Rossgeruch, der zurückbleibt. Da ist auch eine Beziehung zwischen Mensch und Tier, wenn auch nicht immer erfreulich für das Tier. Und vor allem das Wissen: Diese Transporte sind erdverträglich.

Ein Pferdewagen kommt hoch beladen mit Möbeln, Hausrat, Gartengeräten, blauem Bidon, roter Tonne daher. Obenauf ragen noch zwei Fahrräder und eine Stuhllehne in den azurblauen Himmel – Umzug mit nachhaltiger Mobilität. Vorne sitzt die ganze Familie auf der Wagenbrücke. Sie rufen mir die rumänischen Grüsse „Dumnezeu" und „Salutare" lachend zu und winken herzlich.

## Wanderschatten

Die Nachmittagssonne brennt hinter mir und wirft meinen langen Schatten auf die Strasse. Ich filme im Gehen diese Schattenfigur mit der flatternden Fahne; dann auch die langsam vorbeiziehende Landschaft.

Rot-weiss bemalte Meilensteine mit wohlklingenden Namen wie Sânnicolau Mare halten mich auf dem Laufenden, wie viele Kilometer bis zur nächsten Ortschaft noch vor mir liegen.

## Schnell Millionär

Der Geldwechsel in einer kleinen Wechselstube in Cenad macht mich unversehens zum Millionär: Für 50 Euro erhalte ich 1,6 Millionen Lei, in 500 000er-Scheinen. Ein Joghurt kostet 7 000 Lei. Für eine Strassenkarte, die ich in einer Tankstelle kaufe, muss ich 290 000 Lei hinblättern.

## Spielplatz mit Truthühnern

Das Dorf liegt ruhig in der Hitze – Siestazeit. Vor dem kleinen Polizeiposten steht eine blauweisse Tafel mit der Aufschrift „POLITIA". Vierzehn Gänse haben sich im Schatten darum herum gelagert – eine dörfliche Polizei-Idylle. Ich esse auf einer Bank, neben ein paar rostigen Spielgeräten, umgeben von drei Kirchen und zwanzig Truthühnern, die um mich herumpicken und -piepsen.

## Seidenspinner

Am Strassenrand sehe ich einen Baum mit grossen, strumpfartigen Kokons. Massenhaft weissliche Raupen überziehen Blätter und Äste mit einem feinen, silbrigen Gewebe. Die Blätter innerhalb der Raupennester sind durch den Frass fein skelettiert.

## Aurel und Anna

In Periam ist der Pfarrer in den Ferien. Aurel und Anna – sie besorgen dem Priester den Haushalt – nehmen mich gastlich auf. Aurel ist gross. Er hat einen wilden, grauen Haarschopf und sanfte, Vertrauen einflössende Augen. Aurel lässt Tante Maria holen. Sie ist Deutsche und soll übersetzen. Allerdings haben Aurel und ich zuvor bereits alles geradebrecht, was zu besprechen war. Aurel zeigt mir einen geräumigen, fast leeren Raum mit einer Couch, auf der ich übernachten kann. Anna kocht eine Gemüsesuppe. Schweigend esse ich mit ihnen in der düsteren Küche. Haben wir mehr als zwanzig Worte miteinander gesprochen – Aurel und ich? Und doch heulen wir beide beim Abschied. Mit warmem Herzen ziehe ich in den kühlen Morgen hinein.

## Gänseidylle

Einmal hin, einmal her. So schwenken die Gänse vor Varias ihre Schwänze, wenn sie schnatternd von mir wegmarschieren. Im Dorf sitzen ihre Artgenossinnen in Gruppen auf der ungeteerten Dorfstrasse, weisse, graue, mit rot-orangen Schnäbeln, Crescendo und Decrescendo, je nach Grad der Beunruhigung durch den ungewohnten Dorfbesucher. Da ist ein Geschnatter, Geputze, Geschwänzel, Gewatschel.

## Foulard rot, Himmel blau

Die Naturstrasse zwischen Varias und Satchinez ist von vier Karrengeleisen tief gefurcht. Zum Glück ist es trocken. Bei Nässe muss es ein Schlammbett und in Sandalen kaum begehbar sein. Ein weisshaariger Mann im blauen Sonntagsanzug, mit schön geputzten Stiefeln holpert auf dem Fahrrad an mir vorbei. Ein Schimmel mit rotem Foulard am Kopfriemen zieht im Trab einen gummirädrigen Brückenwagen. Der Bauer auf dem Kutschbock hebt lässig die Hand zum Gruss. Sie verschwinden in einer Staubwolke.

## Zuversicht trotz allem

Beiderseits des Weges dehnen sich weite Sonnenblumenfelder, auf der einen Seite in voller Blüte – das Goldgelb der unzähligen Blütenblättersonnen, die braungelben Fruchthalbkugeln, von so viel Schönheit klingt die Stille wie Musik. Auf der anderen Seite lassen ihre traurigen Schwestern verblüht die braunschwarzen Köpfe hängen, die Kelchblätter trostlose Stirnfransen. Nur ein keckes Sonnenblumenkind hat die Seite gewechselt und strahlt aus den düsteren Tanten heraus. Das gefällt auch einem silberweissen Falter. Er setzt sich auf die Blüte und leistet der einsamen, jungen Optimistin Gesellschaft.

## Paradeis-Äpfel

In Satchinez ernten Joan und Dorina gerade Pflaumen. Der hagere Mann im Strohhut und im violetten US-Leibchen spricht Deutsch – seine Familie hat deutsche Wurzeln. Dorina sieht mit dem schön geschnittenen Gesicht, in ihrem schwarzen Kopftuch und dem blau-weiss karierten Rock wie eine Tessiner Nonna aus. Sie zeigt mir Fotos von Schweizer Ornithologen, die bei ihnen logiert haben. Sie haben in einem nahe gelegenen Naturschutzgebiet Vögel beobachtet und Forschungsarbeiten durchgeführt. Auch pflückt Dorina noch süssreife Tomaten für mich – „Paradeis" nennt sie sie – und gibt sie mir mit auf den Weg.

## Putzig

Siesta im Entengehege. Da ist die Entenmutter. Sie sitzt ruhig im Schatten. Gelegentlich stösst sie ihren roten

Schnabel ins weisse Gefieder, putzt sich, streicht ein paar Federn glatt. Elf Entenkücken sitzen um sie herum, niedliche, gelbe, flauschige Flaumbälle, die Schnäbel rosarot, die Äuglein wie grosse, schwarze Stecknadeln. Die Hände möchten sie anfassen, streicheln, zärtlich mit ihnen sein. Nur ein Entchen hat ein anderes Programm: Es hockt in einem runden, niederen Blechnapf – aussen blau, innen weiss; wo der Email abgesprungen ist, rostig. Der Boden ist mit Wasser bedeckt. Es putzt sich: Mit dem Schnabel spritzt es Wasser auf seine gelben, struppigen Federchen. Es schwenkt bald sein Köpfchen, bald das Flaumschwänzchen hin und her, so schnell, dass die Konturen verschwimmen. Es fiept, es schüttelt sich. Noch einmal Wasser aufs Gefieder, noch einmal mit dem Schnabel in die nassen Federchen, dann das Köpfchen rasant hin und her, das Schwänzchen ebenfalls, noch viel schneller. Es hüpft auf den Napfrand, dann auf den Boden des Gehegs; es schwänzelt ein paar Schritte mit seinen patschigen Schwimmflossen-Füssen weiter; und putzt sich und putzt sich und putzt sich. Mit einer Inbrunst, Schnelligkeit, Ausdauer, einmal links, einmal rechts; und jedes Mal zittert das kleine Daunenschwänzchen wieder in unfassbarer Geschwindigkeit hin und her. Lass es doch endlich gut sein! Es striegelt und streichelt und schüttelt sich weiter; die anderen kümmern sich nicht darum.

## Stummer Schrei

Unweit davon haben sich drei weiss-schwarz gescheckte, drei braun-metallgrün gefiederte Enten und zwei braune Hühner um eine Wasserrinne versammelt. Sie plustern sich auf, rascheln mit ihrem Federkleid und fliehen, als ich näherkomme. Ein Truthuhn bleibt zurück. Es ist mit einer langen Schnur am rechten Bein angebunden und zieht vergebens. Auch ist sein Schrei stumm – man muss ihm das Stimmband zertrennt haben. Mir ist zum Heulen zumute.

## Woll-Mandala

Beim Dorfausgang stehen zwei grosse Bäume mit schönen, rund gewachsenen, buschigen Kronen. Um die beiden Stämme lagern sich Schafe im Schatten zu einem wollig-weichen Mandala, die Köpfe zum Baum hin, die Leiber nach aussen gerichtet. Ein struppiger Esel grast in der Nähe. Er ist mit einem Strick angebunden. Er nützt den Spielraum aus, den ihm der Strick lässt.

## Dorflaute

Nach all den Asphaltstrassen in Ungarn geniesse ich die ungeteerten Feldwege zwischen den rumänischen Dörfern – zwei Fahrspuren, in der Mitte ein Grünstreifen, oft mit weissen Schafgarben- und himmelblauen Wegwartenblüten. Die Seele freut sich über Wege, die sich durch schöne Landschaften schlängeln, sich verengen, sich zuspitzen und hinter sanften Hügeln verschwinden. Sie freut sich auch am Dorf, das am Horizont auftaucht, Sânandrei: Kirchturm mit spitzem Dach, der Kriege und Tyrannei überlebt hat, Ziegeldächer, zwischen dem buschigen Grün der Obstgärten, und die immer lauter werdenden Geräusche des Dorfes – Hahnenschrei, Hundegebell, Hufgeklapper, Menschenstimmen.

Zwischen Resita und Anina, 16. 8. 2003

## Sympathie

Auch ganz kurze Begegnungen können grosse Geschenke sein: Ein sympathischer, etwa 30-jähriger Mann kommt mir am Dorfausgang von Sânandrei auf dem Fahrrad entgegen und fährt in der Gegenrichtung weiter. Wir drehen uns im genau gleichen Augenblick um und schauen zurück. Ein Lächeln, ein Winken.

## Unili-Platz

Es ist der Kontrast zum einfachen Dorf, der hier so überwältigt: Vor zwei Stunden noch die kleinen Katen, die Gänse und Enten, verträumte Vorgärten – hier nun die Grösse des Unili-Platzes in Timişoara, das Pflaster, das bis an die ockergelbe, klassizistische Kirche und die warmgelben, roten, blassgrünen Barockhäuser und Paläste heranreicht; in den Strassen-Cafés, unter Sonnenschirmen sitzen zufriedene, zumeist junge Frauen und Männer; ein alter Mann hat eine Sporttasche umgehängt. In langsamen Schritten geht er um das Strassen-Café herum und spielt sich mit seiner Blockflöte ein paar Batzen ein.

## Nonnenschelte

Der Gottesdienst in der orthodoxen Kirche ist soeben zu Ende gegangen. Der Priester weist mich zur Übernachtung an ein Nonnenkloster. Als ich dort läute, geschieht vorerst gar nichts. Ein Mann, der einen am Trottoir parkierten Lieferwagen belädt, fragt mich auf Deutsch, was ich suche. Er habe in Deutschland gearbeitet. Ich solle nur noch einmal läuten. Ich könne sicher hier unterkommen. Ich läute noch einmal, diesmal länger. Da öffnet sich ein kleines Fenster im ersten Stock. Eine Nonne schaut heraus. Ich sei ein Jerusalempilger. Ob ich hier übernachten könne? Sie schüttelt den Kopf und schliesst das Fenster wieder. Nun regt sich der deutsch sprechende Mann masslos auf. „Wozu sind diese Nonnen da?", ereifert er sich. Wenn sie schon einmal etwas für einen Mitmenschen tun könnten, öffnen sie nicht einmal die Tür. Er drückt die Klingel lange. Dann noch einmal. Er läutet Sturm. Das Fensterlein geht wieder auf. Und nun geht eine rumänische Schimpftirade über der Nonne nieder, dass sie mir fast leid tut. Sie erklärt mir nun, sie hätten keinen Platz – ich könne aber ein Sandwich haben. Ich kann dann bei der Konkurrenz übernachten, in einem Abstellraum des katholischen Pfarramts.

## Rabenschwarz

25 km von Timişoara entfernt – kein Verkehr mehr. Dank endlos langen Zitterpappel-Alleen weht ein kühlendes Lüftchen. Schon von weitem höre ich das laute Krächzen riesiger Rabenschwärme. Sie hocken in den Pappeln und färben sie schwarz. Als ich näherkomme, hebt sich die schwarze Rabenwolke. Die Baumkrone hellt sich auf. Die krächzende Schwärze senkt sich rauschend in einen etwas weiter entfernten Baum.

## Blütenwunder

Ein Bauernehepaar auf einem Pferdefuhrwerk weist mich auf einen schönen, nicht mehr stark begangenen Weg zum nächsten Dorf. Um solche Wege zu finden, muss ich mich an die älteren Leute halten. Junge Leute kennen nur die Strassenverbindungen zwischen den Ortschaften. Der Feldweg ist stark verwachsen und oft kaum mehr erkennbar. Er führt durch üppig blühende Magerwiesen – eine Fülle von Blüten, Farben, Düften: Das unschuldige Blau der Wegwarten, das Weiss von Kerbel und Schafgarbe, das wie ein Schleier die Wiesen durchzieht, die leuchtenden Gelbsonnen des Habichtskrauts, rote Leguminosen, lila Witwenblumen. Ausser Vogelstimmen absolute Stille.

## Rettung auf Baseldeutsch

In der Mittagshitze, irgendwo zwischen Timișoara und Reșița, drängen sich Schafe im Schatten der hohen Baumkronen und halten Siesta. Ganz ergeben stehen sie mit gesenkten Köpfen beisammen. Ihre wolligen Rücken bewegen sich schnell und rhythmisch im Takte ihres Hechelns. Ich filme die Tiere, schwenke die Kamera dann zur Krone der Zitterpappel, bin ganz versunken im Anblick dieser friedlichen Szene.

Da plötzlich – ich erstarre vor Schreck. Ein Hüne mit finsterem Ausdruck im Gesicht steht ganz nah vor mir. Ich habe den Hirten nicht kommen gehört. Er greift nach meiner Kamera und stösst Verwünschungen aus. In meiner Angst tue ich etwas, was mich offenbar schützt und mich auch später im Libanon vor der Geheimpolizei rettet: Ich halte ihm die Hand hin und stelle mich vor. Dann überschütte ich ihn mit einem Schwall baseldeutscher Sätze: „I ha jo nur dyni Schof gfilmt. I ha di nit gseh. I bi unterwägs vo Basel noch Bethlehem, z Fuess. Gäll, de machsch mer nüt. I bi e Pilger, noch Jerusalem und Bethlehem …" (Ich habe ja nur deine Schafe gefilmt. Ich habe dich nicht gesehen. Ich bin unterwegs von Basel nach Bethlehem, zu Fuss. Nicht wahr, du tust mir nichts zuleide. Ich bin ein Pilger, nach Jerusalem und Bethlehem). Je länger mein Redefluss dauert, desto mehr schrumpft seine Bedrohlichkeit. Sie macht beinahe einem Ausdruck von Mitleid Platz, Mitleid und Unsicherheit; etwa im Sinne von „däm schpinnt's!" (Der ist verrückt). Er brummt noch etwas. Er nimmt die Landkarte auf, die ich vor mir am Strassenrand auf den Boden gelegt habe. Er tut eine Weile dergleichen, als wolle er sie an sich nehmen, überlässt sie mir aber wieder. Er treibt seine Schafe zusammen und geht peitschenknallend davon.

## Constantins Steinwunder

Die grosse Attraktion von Ocna de Fier ist die Mineraliensammlung von Constantin Gruescu. Die Räume sind gefüllt mit wunderbaren Steinen, glitzernde Kristallnadelkissen; mehrere unterschiedliche Kristallarten bilden mehrfarbige, leuchtende Mineralienlandschaften. Da hat es Platten mit Pyriteinschlüssen, Eisensulfur, Markassit, Islandospat, Dolomit mit Quarz und weitere wohlklingende Schätze. Absolute Rarität stellt ein Bergkristall dar, dessen Anteile ein Kreuz bilden. In der Prominenten-Ecke liegen ein Gästebuch und Fotos von berühmten Gästen. Da lächeln Königin Beatrix und ihr Gemahl Claus aus Holland. Ein Foto zeigt einen gigantischen Rosenquarzklunker, den Constantin dem Königspaar bei ihrem Besuch im 2001 geschenkt hat. Papierflaggen in einer blauen Blumenvase, darunter auch eine Schweizerfahne, weisen auf die internationale Besucherschaft hin.

Während Constantin Gruescu mir im Museum alles zeigt, hat seine Frau ein feines Essen für uns gekocht. Er schwärmt vom Bodensee, den er einmal gesehen hat. Seine Augen leuchten, wenn er vom „Lake of Constance" spricht. Sie winken mir zum Abschied lange, er gross, hohe Stirne, das graue Haar zurückgekämmt, helles, gestreiftes Hemd, hellgraue Hose, ein Leben voll Leidenschaft für seine Mineralien, sie klein, gebeugt, ein Wuschelkopf von dunkelgrauem, vollem Haar, mit lieben Augen, im lila geblümten Kleid.

## Von Dieben und Fliegen

Ein Auto mit deutschem Kennzeichen hält. Ein junger Mann mit traurigen, schönen Augen erzählt mir, er sei Rumäne, lebe aber in Deutschland. Soeben sei sein Auto aufgebrochen und alles Wertvolle gestohlen worden. Ich solle aufpassen auf meiner einsamen Wanderung.

Ein hartnäckiger Fliegenschwarm umkreist mich. Offenbar sagt ihnen mein Geruch nach diesem Wandertag zu. Ich verscheuche die anhänglichen Begleiter immer wieder mit einem resoluten Schwung meines Fähnchens; aber die Plagegeister sind jeweils bald wieder da und begleiten mich eine gute Stunde lang. Das ständig wiederkehrende Geschwirr und Gesumme um den Kopf herum macht mich gereizt – eine gute Übung, im Fliegenschwarm und in der Hitze kühlen Kopf zu bewahren.

## Pilgerkuss

Ich verlasse Reşiţa und beginne den Aufstieg in die Hügel. Nebel hängt in den üppig grünen Wäldern. Ein hagerer Mann mit dunkelbraunem Gesicht und schwarzem Haar kommt mir mit seinem Töchterlein entgegen. Als er vom Ziel meiner Wanderung hört, umarmt er mich und küsst mich auf beide Wangen. Mir kommen die Tränen. Die Wärme und Helle dieser Seelenberührung schwingen in mir noch für Stunden nach.

## Dank Gott

Auch Pavel und Lydia Olan, Bauer und Bäuerin in Steyersdorf, verwöhnen mich nach Strich und Faden. Pavel erzählt, er habe früher in der Kohlengrube Anina an einer grossen Maschine gearbeitet. Diese Kohlenmine sei 1500 Meter tief gewesen, damit die tiefste in ganz Europa. Dieser Mine sei ein Stahlwerk angeschlossen gewesen, das „Kombinate Metallurgica Reşiţa-Anina". Dies habe die Schrauben für den Eiffelturm geliefert. Heute werden die Firmen von Ausländern aufgekauft, geschlossen, die Arbeiter werden entlassen. Die Arbeitslosigkeit sei hoch in diesem ehemals blühenden Industriegebiet. Und doch: Im Gesicht von Pavel ist keine Bitterkeit. Offene, klare, dunkle Augen, buschige Augenbrauen. Sein tiefer Glaube prägt seine Züge. Am Morgen zeigt er mir die kleine Hauskapelle, die er im Erdgeschoss eingerichtet hat. Er sei jetzt 72. Er habe jahrzehntelang im Stollen schwerste Arbeit verrichtet. Doch dank Gott könne er noch ohne Brille lesen. Als ich Pavel und Lydia beim Abschied bewegt danke, lacht Pavel wieder und zeigt zum Himmel: „Dumnezeu a platit (Gott hat gezahlt). Alles, was du von uns bekommen hast, haben wir von Dumnezeu bekommen. Danke ihm!"

Donau bei Orşova, 19. 8. 2003

## Über die Karpaten

Von Eftimie Murgu führt der Weg über die Karpaten. Eftimie Murgu war ein Revolutionär. Der Diktator Ceauscescu hat das Dorf zerstören wollen. Die tief verwurzelte, solidarische Dorfgemeinschaft war ihm ein Dorn im Auge. Er liess einen grossen Teil des Dorfes mit Bulldozern dem Erdboden gleichmachen. Doch nach seinem Sturz ist das Dorf wieder im alten Stil aufgebaut worden.

Ich spüre die gute Dorfgemeinschaft, als ich die Dorfstrasse hinaufgehe. Entlang der Strasse sitzen Männer und Frauen auf Bänken, plaudern, scherzen miteinander und warten auf die eben ankommende Ziegenherde. Einige Frauen spinnen Wollgarn mit einer Spindel. Früh am Morgen breche ich in die Berge auf. Auf der Passhöhe, auf etwa 1100 m ü. M., treffe ich Holzfäller. Einer von ihnen gibt mir eine falsche Auskunft bezüglich der weiteren Route. Ich bin noch nicht lange in die Irre gegangen, als mir ein Ehepaar auf Pilzsuche entgegenkommt. Der Mann erklärt mir, ich sei ganz falsch, als ich Orşova als Ziel nenne. Da ist auch schon ein Schafhirt, der mich auf den richtigen Weg führt. Das passiert mir unterwegs immer wieder: Im richtigen Moment sind Menschen da, die mir weiterhelfen.

## Weiter, immer weiter

Der Abstieg ins Donautal zieht sich unendlich lang dahin. Glücklicherweise verläuft der Weg oft im Schatten. Brombeerhecken biegen sich unter der Last schwarzer Früchte. Was für ein Segen, sie handvollweise gegen den Durst einzuwerfen! Als ich fast nicht mehr mag, erfrischt mich das Bad im klaren Bach und hilft mir wieder zwei Stunden weiter. Doch dann nimmt die Erschöpfung stark zu – gerade im rechten Moment höre ich Lachen und Stimmen. Unter dem Baldachin der Bäume lagert eine Zigeunerfamilie zum Picknick – Pferd und Leiterwagen warten im Gebüsch nebenan. Pao, der Vater, drei Györgis, Helena und Noseca heissen mich wie einen der ihren willkommen und päppeln mich wieder auf, mit Tomaten, Käse, Brot und vor allem mit dem sonst verschmähten Fanta, das mir in meinem durstigen Zustand wie Nektar die Kehle herunterrinnt. Diese Pause wirkt Wunder und gibt mir Kraft für die letzten 15 km bis Orşova.

## Genuss im Park

Drobeta Turnu Severin, im Garten des Parkhotels. Die Hochblüte der einst gediegenen Hotelanlage ist vorüber; aber es hat immer noch den vornehmen Charme vergangener Pracht. Ich esse im Garten einen Gemüseteller. Eine Band, eine Sängerin und drei Begleiter, spielen ein breites Spektrum von rumänischer Volksmusik, Pop und Klassik – Singstimme, Synthesizer, elektrische Gitarre und Bass. Begeistert höre ich zu. Klänge, Wärme, Düfte der Blumen, langsam einfallende Dämmerung, sie umschmeicheln mich wie zarte Seide auf der Haut. Die Sängerin und die anderen Musikanten freuen sich offensichtlich, dass ihnen zur Abwechslung jemand wirklich zuhört. Eine Sängerin, drei Musiker, zwei Serviererinnen, ein Gast …

Vor Plopi, 20. 8. 2003

## Goldgelb, braun, blau

Erntezeit: Ein grosser Haufen goldgelber Maiskolben ist neben der Strasse aufgeschüttet. Eine Frau mit schwarzem, bunt gemustertem Kopftuch, kräftigen, braunen Armen und grossen Brüsten im weissen Hemd – Fruchtbarkeitsgöttin – und ihr Mann in blauen, seitlich gestreiften Trainerhosen und weitem, offenem Polohemd hocken auf blauen Harassen. Sie befreien die Maiskolben vom Maisstroh und bereiten sie für die Lagerung vor. Zwischen ihnen steht brav und geduldig ein junger, brauner, struppiger Hund.

## Graublau

Ich verlasse die Donau erneut und folge der Hauptstrasse nach Craiova eine Weile, bis eine Nebenstrasse Richtung Plopi abbiegt. In Bistrița, einem kleinen Dorf, umringen mich Kinder und fragen eindringlich, woher ich komme, wohin ich gehe. An einigen von ihnen fallen mir die wunderbaren, graublauen Augen auf.

## Fluchen international

Der Schmied des Dorfes beschlägt gerade ein Pferd. An die Wand der Schmiede sind Bilder mit nackten Frauen angeheftet. Der Schmied, ein wortkarger, drahtiger Mann brummelt nur, als ich ihn begrüsse. Wie der Dorfschmied in Elm, dem ich als Kind immer zugeschaut habe, spart auch er nicht mit Kraftausdrücken, wenn das Pferd nicht ganz ruhig dasteht. Der Pferdebesitzer, der dabeisitzt, raunt mir zu, ich solle besser keine Filmaufnahmen machen. Man wisse bei ihm nie …

## Zwergenkappen

Ich überhole einen Vater mit seinem Büblein. Er weist mir einen schönen Weg durch lichten Eichenwald Richtung Plopi. Immer wieder halte ich an und geniesse den Ausblick über die still daliegenden Hügel mit ihren dürren Feldern – falbes Löwenfell – Wäldern, Baumgruppen, die sich in die Talsenken ducken, gelegentlich ein kleines Dorf, aus dem Kinderstimmen, Hundebellen und Hahnenschreie hörbar werden, die Stille unterbrechen, unterstreichen; in der Nähe ein kleiner Friedhof und eine Reihe von grossen Zwergenkappen – Heuhaufen, die um lange Stangen herum aufgeschichtet sind.

## Wespentanz

Vor Varea Izvonelezi steht ein halb zerfallenes Brünnlein aus Backsteinen. Es ist mit einem Kreuz geschmückt. Wespen umtanzen das klare Wasser und trinken am schräg angeschnittenen, in der Fliessrinne mit grünen Algen belegten Brunnenrohr. Die gelb-schwarzen Hinterleiber schlagen rhythmisch zuckend den Takt zum hell klingenden Plaudern des Rinnsals. Dieses zaubert unterschiedlich grosse, bald platzende Luftwasserblasen auf die Wanderringe der Wasserfläche.

## Distanz subjektiv

17 Kilometer auf ungeteerter Höhenstrasse, praktisch ohne Verkehr – nur ein Auto pro Stunde staubt vorüber. Hecken mit roten, in der Sonne orange glänzenden Hagebutten, Weissdornfrüchten, Pfaffenhütlein wechseln mit lieblichen Ausblicken über die weite Hügelland-

Bei Plopi, 20. 8. 2003

schaft. Immer wieder wirft ein Baum den Schattenriss seiner Krone auf die Staubfläche der Strasse. Ein kleines, weisses Kirchlein steht in einer Buschwald-Senke und weist mit seinem Turm zum Himmel. Wohltuende Stille ringsum und in mir. Immer wieder tauchen auch Einzelbäume am Horizont auf. Ihr Standort macht ihr Wesen besonders eindrücklich erfahrbar, ihre Silhouette vor dem Himmel, den sie mit der Erde verbinden. Hier zeigen sich auch all die kleinen Wunder am Weg: Eine Biene, die im lila Wuschelkopf einer Distelblüte umherkrabbelt und immer wieder ihr Köpflein tief in diese farbige Fülle steckt. Ich merke, wie im Empfinden die Distanz schrumpft, wenn so viel Schönheit und Abwechslung am Weg liegen. Die Strecke zwischen zwei Kilometersteinen empfinde ich wie 500 Meter.

## Wurst-Stafette

In Izvorala trotten grosse und kleine, dunkelbraune, hellbraune, weisse Kühe und ein schwarzes Stierlein stallwärts – heiteres Schwänzeschwingen hin und her – hinter ihnen der Bauer in hellgrünen Hosen und die den Stock schwingende Bäuerin mit blauem Kopftuch, und am Schluss mit erhobenem Schwanz ein weisser Hund mit braunen Flecken am Kopf und am Schwanzansatz. Vor jeder Einfahrt hat es zwei schmale Bänke, senkrecht zur Strasse, auf denen die Dorfbewohner sich gegenübersitzen können. Auf der Dorfstrasse komme ich mit einem jungen Ehepaar ins Gespräch. Nachdem wir uns verabschiedet haben und ich weiterziehe, ruft und springt er mir noch nach und bringt mir Brot und eine grosse Wurst. Diese kann ich bald einem Hirten weiterschenken. Auch er freut sich sehr an dieser Überraschung.

## Plopi

Vor Plopi bete ich wie ein Kind um gastliche Aufnahme. Da fährt gerade ein Pferdefuhrwerk mit Maisstroh an mir vorbei. Eine junge Frau mit offenem Gesicht und lachenden Augen winkt mir zu. Beim Dorfeingang von Plopi biegt das Gefährt in eine Seitenstrasse ein und verschwindet zwischen den Häusern. Einen Augenblick lang denke ich, vielleicht werde ich bei diesen Leuten aufgenommen.

## Fromme Zigeuner und Pommes frites

Mitten im Dorf begegne ich Alin, einem schönen, grossen, jungen Zigeunermann mit dichtem, schwarzem Haar, hübschem, ebenmässigem, braunem Gesicht. Durch das zerschlissene Leibchen schimmert der muskulöse, dunkel glänzende Waschbrettbauch hervor. Er fragt mich aus, auch, wo ich übernachten wolle. Seine Mutter Dorina kommt dazu, eine kleinwüchsige, warm und mütterlich wirkende Zigeunerin. Ich dürfe bei ihnen nächtigen. Sie führen mich zu ihrer Hütte. Dort herrscht unsägliche Armut: Das Haus halb zerfallen, alles schmutzig, unter dem Vordach eine zerschlissene Couch, von der sie die Hühner vertreibt, um mir Platz zu machen. Vier Töchter zwischen 16 und sieben leben auch noch in dieser Hütte. Die Jüngste, Rebecca, schaut mich unter ihrem braunen Wuschelkopf mit grossen braunen Augen an.

Bald bekomme ich mit, wie gottesgläubig die Leute sind. Sie gehören zu einer Baptisten-Gemeinde. Dorina fragt, ob ich duschen wolle. Sie führt mich durch Hintergärten zur Predigerfamilie, auch Zigeuner, wo aus einem notdürftig befestigten Rohr etwas Wasser tröpfelt. Wen treffe ich? Die Frau vom Fuhrwerk. Sie stellt sich als Ionella vor. Sie hat beim Fernsehen etwas Englisch gelernt. Ich könne bei ihnen bleiben, es sei ein bisschen bequemer als bei Dorina. Bald kommen auch Aurel, der Baptistenprediger, und die Kinder Christian, Deborah und Primavera. Wir beten und singen zusammen. Ionella kocht ein einfaches Gemüsegericht. Am Morgen steht sie früher auf, um mir aus dem einzigen, was sie noch im Haus hat, etwas Spezielles zu kochen – Pommes frites und Kamillentee.

Die zehn Gebote würden bei ihnen eingehalten, sagt Aurel. So könnten sie auch ihre tiefe Armut ertragen. Und wirklich: Mein Rucksack steht längere Zeit unbewacht in Dorinas Hütte. Nichts fehlt, als ich ihn hole. Immer wurde ich vor den Zigeunern gewarnt. Die Zigeuner von Plopi haben meine Vorurteile über den Haufen geworfen. Natürlich gibt es auch andere. Davon später …

## Von Männern und Truthähnen

Wir heulen alle beim Abschied. Dorina ist sehr dankbar, als ich ihr Geld hinlege – als „Jesus-Geschenk", damit sie es besser annehmen kann. Alin ist gerade aufgewacht. Er streift sich ein Leibchen über den Adonis-Oberkörper und kommt mit zur Strasse, wo mir alle lange nachwinken.

Die Pommes frites sind bald verbrannt. Ich hoffe, im nächsten Dorf einen Laden zu finden, wo ich Proviant einkaufen kann. Drei alte Männer sitzen auf den zwei Bänken, die face à face vor dem kleinen Dorfladen stehen. Sie plaudern in gemächlichem Gemurmel mitein-

ander, ein Wort gibt das andere, ein Schmunzeln zieht drei weitere nach. Der vierte im Bunde humpelt herbei. Er zündet sich an der Zigarette seines Kumpels einen kaum mehr sichtbaren Zigarettenstummel an. Ich frage, ob ich sie filmen dürfe. Ihr Gespräch verstummt. Die Oberkörper richten sich gerade auf, die Brustpartien schieben sich nach vorne, vier Augenpaare blicken zu mir. Ich filme sie, schwenke dann die Kamera von dieser erstarrten Männergruppe zu drei Truthähnen. Sie werben alle um das gleiche Weibchen. Da wird stolziert, im Kreis gedreht, geplustert, mit den Federn geraschelt, der Schwanzfächer gespreizt. Da werden Balzschreie ausgestossen und dabei Kopf und rotes Hautgeschlabber am Hals nach vorne geschleudert. Das Weibchen pickt daneben, klein, graubraun, unscheinbar, scheinbar desinteressiert am daherwogenden männlichen Imponiergehabe.

Das Angebot im Dorfladen ist sehr bescheiden – einige Konservenbüchsen und Süssigkeiten. Immerhin finde ich Mineralwasser und zwei Schokolade-Croissants, die auf geheimnisvolle Weise verzaubert sein müssen: Laut Aufdruck bleiben sie noch mindestens vier Monate lang ofenfrisch …

## Claudia

Das Dorf Gropane liegt in der Mittagshitze, in einer Senke, um eine als Brunnen gefasste Quelle herum. Naturstrasse, einfache Staketenzäune oder kunstvollere Zäune aus grün bemalten, gedrechselten Palisaden, grüne und blaue Blechtore, zum Teil mit dekorativen Schmiedeisenarbeiten verziert, führen zu den Höfen beiderseits der Strasse. Da hat es zum Teil schöne, alte

Holzhäuser mit farbigen Veranden und Erkern. Plötzlich tauchen ein paar Kinder auf, um dem ungewohnten Wanderer zu begegnen. Auf einer Bank sitzen Claudia mit langen Zöpfen – sie dehnt das „au" ihres Namens genüsslich in ein breites a und u – und Stefania, beide 14-jährig. Der 12-jährige Michail hat die kleine Gabi auf den Knien. Claudia ist ganz aufgeweckt. Sie spricht schon ganz gut Englisch. Sie interessiert sich für die Beweggründe meiner Reise. Sie weiss viel über die Klimaveränderungen, über die Ursachen des Treibhauseffekts – und was zu tun wäre, um die Treibhausgase zu verringern. Das habe ich hier in einem abgelegenen rumänischen Dorf nicht erwartet. Begegnungen mit so bewussten, jungen Menschen erlebe ich immer als grosse Ermutigung. Sie legen Hoffnungssteine auf die Zuversichts-Schale meiner inneren Waage, die zwischen Zuversicht und Zweifeln pendelt.

## Stroh und Lehm

Ein Stall wird neu gemauert, aus Lehm und Stroh. Nur mit Hosen bekleidet stehen zwei Männer barfuss, mit nackten Oberkörpern im Lehm und werken mit Hacken das Stroh in die Lehmmasse ein. Eine Frau schleppt immer wieder im Kessel Wasser herzu und giesst es über das entstehende Lehm-Stroh-Gemisch. Dieses wird dann auf eine hölzerne Tragbahre geladen und zum Ort des Mauerbaus getragen.

## Zum Verweilen

Vor einem hübschen, weissen Haus mit Ziegeldach und Spitzenvorhängen in den Fenstern liegt ein grosser Weingarten. Die wachsmatten Trauben färben sich schon blaurot. Den Ziehbrunnen schützt ein offenes Häuschen. Zwei Bänke laden zum Abstellen der Wassergefässe und zum Plaudern ein. An einem Pfosten des Brunnenhäuschens hängt ein einfach bemaltes Kruzifix.

## Lebensquell

Doch lebendigster Treffpunkt im Dorf ist die gefasste Quelle, wo Jung und Alt Wasser holen. Unter der weiss gemauerten Brunnenfassung strömt das klare Nass aus zwei Rohren in ein längliches Bassin. Wer Leute aus dem Dorf treffen will, muss nur eine Weile beim Brunnen stehen. Frauen, Männer, Kinder erscheinen mit Wassergefässen, in roten, orangen, gelben, grünen Leibchen und Hemden, Menschen und Farben, die sich finden und wieder lösen, angezogen und verbunden durch den kostbaren Lebenssaft.

## Kuhgespann in Gropane und im Wiesental

Als ich nochmals zum Dorf zurückblicke, fährt ein Doppel-Kuhgespann mit Maisstroh unten in der Talsohle an mir vorbei: Zwei braune Kühe, kräftig ausschreitend und mit ihren Köpfen wippend, der Vater vorne auf dem Wagen in hellblauem Hemd, im Maisstroh zwei dunkelhaarige Mädchen in türkisblauen Leibchen. Hinten hockt der halbwüchsige Sohn in rotem T-Shirt und kurzen Hosen. Breit grinst er zu mir herauf und macht mit seiner rechten Hand eine eindeutige Geste mit gestrecktem Mittelfinger. Zwei Wagenlängen hinter dem Gefährt folgt eine junge Frau in rotem Rock mit Rossschwanzfrisur, barfuss, ihr Gang weich und anmutig.

Ich werde in die Kindheit zurückversetzt: Schweigmatt, am Hang der Hohen Möhr im Wiesental, ein strahlender Sommermorgen. Der Bauer und Wirt Hans Klemm pflügt mit zwei Ochsen, ihr Atem Nebelstösse in der Morgenkühle, Glanz auf der frisch umgebrochenen Scholle. Und hier kommt mir ein Bauernehepaar mit ihrer mächtigen, gescheckten, den Leiterwagen an altertümlichem Joch ziehenden Kuh entgegen. Zwei braune Pferde mit gleichen weissen Stirnflecken traben vor einem mit Heu beladenen Wagen in der Gegenrichtung an uns vorbei. Das eine Rösslein zieht, das Schwesterpferd trabt mit, wird ans Wagenziehen gewöhnt.

## Kostgänger mancher Art

In Cernăteşti komme ich beim orthodoxen Priester unter, bei Preot Vasile. Eine Alkoholfahne weht mir entgegen. Sein Gesicht ist gezeichnet vom Alkohol, gefurcht, aufgedunsen, gerötet, grosse, knollige Nase. Aus diesem Gesicht schauen mich liebevolle, grosse, warm blickende, feuchte Augen an. Er führt mich in ein schönes Zimmer in einem Nebengebäude mit bunt gemustertem Sofa, einem kleinen Altar, Tisch und Stuhl. Dann kocht er zwei Stunden für mich. Ich bin ausgehungert, durstig, todmüde, da ich nicht viel gegessen und ein paar Nächte viel zu wenig geschlafen habe. Es berührt mich sehr, wie Vasile mich bewirtet. Gemüse, fein gekocht und gewürzt, Eier, Brot, Käse, Früchte. Mit dem Essen kehren meine Lebensgeister zurück. Vor dem Hause tollen drei struppige Hunde. Sie kratzen sich immer wieder.

Es wird eine unvergessliche Nacht – lärmig: Die Hunde bellen abwechselnd und im Akkord. Die Hähne begrüssen den Tag schon um ein Uhr morgens und intensivieren ihren Gruss von Stunde zu Stunde. Ich wühle meinen Kopf tief ins grosse Kissen und falle immer wieder in tiefen Schlaf. Als ich wieder einmal aufwache, juckt es mich entsetzlich, am Bauch, am Rücken, an den Beinen. Ich weiss, es ist zu spät, um mich gegen die nächtlichen Blutsauger zu wehren und ergebe mich dem Schicksal. Der Schlaf übermannt mich wieder. Am Morgen ziehe ich Bilanz: Etwa 250 grosse, rote, stark juckende Quaddeln, am ehesten Flohstiche. Da war schon lange kein Gast mehr – die waren auch ausgehungert! Ich kann nun den kratzenden Hunden gut nachfühlen.

## Gubi

Gegen Craiova zu ödes Weideland, fast kein Baum, dafür drei Brunnen mit wunderbar kühlem, klarem Wasser. Gerade die herrschende Dürre macht bewusst, wie kostbar dieses Element ist. Die einzigen grossen Bäume in dieser Gegend stehen in Quellnähe. Die Schafherden weiden ebenfalls in der Nachbarschaft des Wassers. Staubwolken begleiten sie, wenn die Schafe über die trockenen Felder „beineln". Wie Magnete ziehen die Brunnen auch die Menschen an. Autofahrer, Fuhrwerke halten an und decken sich mit dem kostbaren Nass ein. Hirten und Hirtinnen kommen aus der Umgebung und füllen ihre Wasserbehälter.

So auch Gubi, ein 17-jähriger Hirt. Er kommt mir mit Wasserflaschen in der Hand entgegen. Hübsches Gesicht, grosse, schöne Augen mit langen Seidenwimpern, kräftige, dunkle Augenbrauen, weisse Kappe, braun ge-

brannter, muskulöser, nackter Oberkörper, freier, locke-
rer, aufrechter Gang. Wir begrüssen uns herzlich, wie
alte Freunde. Er geht weiter. Wir drehen uns gleichzeitig
um, lachen, winken. Bald holt er mich mit gefüllten Flaschen wieder ein. Stumm gehen wir einige hundert
Schritte nebeneinander her. Dann biegt er in die Felder
ein, winkt noch einmal zurück, wird immer kleiner, bis
auch die weisse Kappe hinter einem Hügel verschwindet.

## Zu Fuss in die Stadt?

Die Maisernte ist in vollem Gang. Immer wieder sehe
ich Fuhrwerke mit Maiskolben oder Maisstroh. Etwa
5 km vor Craiova hält mich ein aufgewecktes Bürschlein
an und will wissen, wohin ich gehe. Ich frage ihn, wie ich
ins Zentrum von Craiova komme. „Mit dem Bus Nummer 2", rät er mir. Er staunt, als ich ihm sage, ich wolle
die Strecke zu Fuss zurücklegen. Es ist ein völlig neuer
Gedanke für ihn, dass man auch zu Fuss ins Stadtzent-
rum gelangen kann.

## Abgezehrt

Ich hänge einen Ruhetag in Craiova an, um mich aufzu-
päppeln. Ich habe stark abgenommen in den letzten Tagen. Wegen der hygienischen Verhältnisse und der Armut bei den Zigeunern habe ich dort fast nichts gegessen.
Auch in den Dorfläden gab es fast nur „Junk-Food". So
habe ich mich an die letzten eigenen Fettvorräte gehalten. Ich bin so mager, dass die Leistendrüsen gross, gut
sicht- und tastbar sind. Das beunruhigt mich. Ich telefo-
niere mit meinem Freund Claudio Knüsli, Onkologe am

Claraspital in Basel. Er versichert mir, das sei normal,
wenn der Körper so ausgemergelt sei. Das beruhigt
mich, und so mache ich eine ausgedehnte Einkaufstour
in der Stadt, um mir wieder ein Polster anzuessen.

## Abendsonnenzauber

Die Stadt wird von der untergehenden Sonne in oranges
Flutlicht getaucht – vor dem Rathaus reckt der bärtige,
bronzene König Mihai Viteazul auf seinem ebenfalls in
Bronze erstarrten Schlachtross seit Jahrhunderten die
Doppelaxt in den Himmel; der im Winde flatternde
Mantel ebenfalls erstarrt, der Stiefelsporn ein sieben-
zackiger Stern. Auch auf dem langen Haar, das eine junge Frau über die linke Schulter nach vorne gebündelt
hat, glänzt das Orangelicht. Sie kurvt auf ihren Rollschu-
hen zwischen historischen Gebäuden und Reiterdenk-
mal herum. Der blaue Stoff ihrer eng anliegenden Jeans
wogt vom Muskelspiel der Beine.

Alle Bänke im kleinen Park sind mit älteren, miteinander plaudernden Leuten besetzt. Hinter rotweissen
Abschrankungen und Sonnenschirmen mit der Aufschrift „Coca Cola" trinken Teenager solches. Die Sonne
geht zuerst hinter den Dächern und Parkbäumen unter.
Sie brennt ein feuriges Loch mit glühend-waberndem
Strahlenkranz in die Wipfel. Dann spiegelt sie sich noch
in einer Stop-Tafel und in flammend leuchtenden Glas-
fassaden und Fenstern. Auch in den Rundbögenschei-
ben und im Glastor des Rathauses gaukelt sie Brandstif-
tung vor. Die Glut tropft über das Metalltor auf die
Sandsteintreppen hinunter. Doch wenige Minuten später hat sich der Brand von selbst gelöscht. Die Rathaus-
uhr zeigt zwei vor acht.

Ja, die Sonne. Sie hat mich so grosszügig in den acht Wochen begleitet, während denen ich seit Basel unterwegs bin. Mehr als ein Drittel der Wanderung, etwa 1900 km, liegt hinter mir. Bulgarien liegt vor mir – zum ersten Mal Neuland. Österreich, Ungarn und Rumänien habe ich vorher schon besucht und zum Teil durchwandert. Aber Bulgarien? Was erwartet mich? Wie wird es mit der Sprache gehen? Helfen mir meine Russischkenntnisse? Birgt die hohe Kriminalitätsrate Gefahren für mich?

## Spitzweg an der Bahn

Bei einem Bahnübergang steht ein winziges, gelbes Bahnwärterhäuschen mit Dach und Fenstereinfassung aus Ziegeln. Der Bahnwärter erinnert mich an ein Gemälde von Carl Spitzweg, den „Kaktusfreund". Mit verschränkten Armen, schlohweissem Haar und einem rotweissen Gilet steht er vor dem Häuschen und wartet auf den nächsten Zug. Die Fenster sind mit zart gemusterten Spitzenvorhängen verhängt. Die Fensterrahmen sind grün gestrichen. Auf den Gesimsen stehen und hängen in unterschiedlich grossen Büchsen Grünpflanzen.

## Melonenbörse

Bei einer Strassenkreuzung Rufen, Schwatzen, Wiehern, viel Betrieb: Wassermelonenmarkt. Von allen Seiten fahren die gummirädrigen Pferdewagen herbei, voll beladen mit den dunkel-hell-grün gestreiften, reifen Fruchtballons. Die prallen Melonen kontrastieren mit den tief eingefallenen Lenden und Torsos der mageren Rösslein, an denen man alle Rippen zählen kann.

## Mafia?

In Bosadi ist ein grosses Hochzeitsfest im Gang. Ein Zelt ist aufgestellt. Die Musik beginnt zu spielen. Festlich gekleidete Menschen kommen von allen Seiten. Ein grosses, neues, schwarzes Geländefahrzeug mit zwei beleibten Männern mittleren Alters hält auch an. Der Chauffeur öffnet das Fenster, ein kühler Lufthauch streift mich aus dem klimatisierten Wagen. Ich solle auch ans Fest kommen. Doch zuvor laden sie mich in eine Bar ein. Während ich an meiner Mineralwasserflasche nippe, rinnt ein Bier nach dem andern in die grossen Bäuche. Die Serviererin bringt den Nachschub ohne Bestellung. Die Gesichter werden immer röter, glänzender. Der eine prahlt mit einem fetten Geldbeutel, aus dem die 100 $-Noten herausschauen. Zuerst denke ich noch erwartungsvoll an Joseph Beuys' Gedichtzeile in „How to Be an Artist" – „Lade jemand Gefährlichen zum Tee ein". Doch dann wird mir immer unwohler. Nun legt der eine die Hand auf meinen Oberschenkel. Mit einem Augenzwinkern bietet er mir eine Prostituierte an. Als ich ablehne, tuscheln sie etwas – ich verstehe nur das Wort „homosexuell". Dann fragt der andere, ob ich Lust auf einen hübschen Jungen habe. Nur weg von hier! Auto, Geld in Hülle und Fülle, Prostitution – es riecht nach Mafia. Als ich gehen will, grosser Protest. Ich sei sehr müde, und es sei mir nicht wohl. Ich müsse mich ausruhen. Sie nennen mir ein kleines Hotel an einem nahe gelegenen See und lassen mich zu meiner Erleichterung ziehen.

## Flohlahm

Ich fühle mich wirklich etwas krank und verspüre leichtes Frösteln. Ich bringe den Zustand mit den zahlreichen Flohstichen in Zusammenhang. Sie haben sich unterdessen zu grossen, roten Papeln entwickelt. So gehe ich schon um 20 Uhr schlafen. Zwei Stunden später weckt mich laute Pop-Musik. Ich stehe noch einmal auf und schaue nach. In unmittelbarer Nachbarschaft des Hotels hat soeben ein Pop-Konzert begonnen. Wie haben all diese jungen Menschen, von denen ich zuvor nichts gesehen habe, an diesen abgelegenen Ort gefunden? In der düsteren, bald blau, bald rot, bald grün erhellten Halle tost ohrenbetäubende Musik. Auch hier bekomme ich den gleichen Bescheid wie bei der Hochzeitsnacht in Perbal: Das Konzert dauere die ganze Nacht, vielleicht bis fünf Uhr morgens. Mit Gehörschutzpropfen und zwei Kissen um die Ohren schlafe ich dann doch ganz gut. Als ich aufwache, fühle ich mich wieder ganz gesund.

## Fussball

In Listeava, kurz vor der bulgarischen Grenze, ist Fussball Trumpf. Ein älterer Mann mit Sonnenbrille und weisser Schirmmütze kommt mit zwei frischen Weissbroten in der Hand vom Bäcker. Als er Basel hört, strahlt er und schwärmt vom FCB (Fussballclub Basel). Auch sagt er etwas von der Champions League. Auch die Jugendlichen, die am Dorfausgang im Schatten eines Baumes herumlungern, wissen mehr vom Basler Fussball-Club als ich. Einer von ihnen, Dan, überholt mich ganz erhitzt eine halbe Stunde später mit dem Fahrrad. Strahlend streckt er mir eine Tüte mit fast pflaumengrossen,

blauroten Trauben entgegen: „Für dich – in dieser Hitze kannst du sie sicher gut gebrauchen!" Er wendet seinen Drahtesel, winkt und ruft lachend „Drum bun!" (Gute Reise) und verschwindet hinter der nächsten Strassenbiegung. Wie dankbar bin ich ihm! Die grossen, ovalen, mit zartem Traubenwachs bedeckten Früchte werden mir zum willkommenen Nachtessen, als ich spät nachts in Orjahovo, Bulgarien, ankomme und in einem kleinen Hotel zwar ein Zimmer, aber weit und breit nichts Essbares mehr finde.

Ja, Fussball. Ein kleines, rundes Leder, begeistert umtrippelt, umspielt, umjubelt. Es verbindet Völker, wenn es auch manchmal Schlachten auslöst. Eine kleine Lederkugel fasziniert, begeistert die ganze Menschheit, und im rumänischen Dorf kennen sie Basel in der Schweiz vom FCB. Der kleine Fussball weckt doch Hoffnung. Könnte nicht durch ein Wunder auch die Begeisterung für die grosse Erdkugel plötzlich um sich greifen und alle Menschen verbinden? Dieser Enthusiasmus würde vielleicht all die Fantasie und die Kräfte freisetzen, die es für die Erhaltung unseres einzigartigen Lebenssystems braucht.

## Katastrof!

Langsam neigt sich die Strasse wieder der Donau entgegen. Die blauen Hügel am Horizont gehören schon zu Bulgarien. Immer deutlicher werden die im Baumgrün verstreuten Dächer und Wohnblöcke erkennbar – Orjahovo. Die unterschiedlich hohen Blöcke gestalten den Horizont zur lückenhaften Zahnreihe. Als ich die ersten Häuser von Bechet, der letzten rumänischen Ortschaft, erreiche, frage ich einen jungen Polizisten nach einem

Hotel. Er rümpft die Nase: „Hotel in Bechet? Katastrof!" Ich solle mit der Fähre nach Orjahovo übersetzen und dort eine Unterkunft suchen.

Eine drei Kilometer lange, schnurgerade Strasse führt von Bechet zum Donauwald, zum Zoll und zur Donau. Ist eine Fähre angekommen, kreuzen mich Sattelschlepper, Autokolonnen und als Letztes Fuhrwerke. Dann ist die Strasse wieder leer.

## Spätes Unterkommen

Es wird 23 Uhr, bis das Schiff vom rumänischen Ufer ablegt. In tiefer Nacht komme ich in Orjahovo auf der bulgarischen Seite an. Ich nehme Abschied von der Donau, die ich nach vielfältigen Begegnungen mit diesem Fluss zum letzten Mal überquert habe. Schon etwas verschlafen kontrolliert ein Zöllner meinen Pass. Als ich nach einem Hotel frage, weist er irgendwo ins Dunkel. Auf einer ungeteerten Strasse ohne Strassenbeleuchtung gehe ich eine Weile, sehe linker Hand dann ein Gebäude mit grossen Glasfenstern, das wie ein Hotel aussieht. Es stellt sich aber als unbewohnt heraus. Aus dem Dunkel kommt ein Mann auf mich zu und fragt, was ich suche. Er bringe mich für 5 € zu einem Hotel.

Mit seinem klapprigen Auto fahren wir durch die tief im Schlaf liegende Siedlung – ein Rückfall ins fossile Zeitalter. Er hält vor einer Gartenmauer. Wir steigen eine steile Gartentreppe hoch und bleiben vor einem dunklen Haus stehen. Lange drückt er die Klingel. Es geht eine Weile, bis sich im zweiten Stockwerk ein Fenster öffnet und eine Frau ruft, was da los sei. Als mein Begleiter etwas von „Tourist" und „Notsch" sagt, geht das Fenster wieder zu.

Im Treppenhaus geht Licht an. Die Frau erscheint im Morgenrock und führt mich in ein einfaches Zimmer. In einem schmuddeligen Nebenraum finde ich eine tröpfelnde, kalte Dusche. In aller Ruhe schäle ich die Trauben von Dan, um jedes Risiko für meine Därme zu vermeiden. So geniesse ich eine Stunde lang dieses einfache Nachtessen. Trotz aller Schlichtheit der Einrichtung: Der Fernsehapparat fehlt nicht. Und bald merke ich, dass in Bulgarien nach Mitternacht vor allem freizügige Sexfilme auf dem Programm stehen. Die tiefe Müdigkeit ist dann doch stärker als diese Versuchung; und ich falle in tiefen Schlaf.

## Auf, Polizei!

Mit Schrecken wache ich auf. Die Wirtin ruft mir, ich müsse sofort aufstehen, meine Sachen packen. Die Polizei warte auf mich. „Skoro, skoro – schnell, schnell!", treibt sie mich aufgeregt an. Ich frage, was denn los sei. Sie wisse es nicht. Vor dem Haus erwarten mich zwei stattliche, glatt rasierte, junge Polizisten neben ihrem nigelnagelneuen Streifenfahrzeug. In klarem Deutsch spricht mich der eine an: „Willkommen in Bulgarien! Wir haben gedacht, Sie könnten unsere Hilfe brauchen, für den Geldwechsel, für das Einkaufen, für die Post." Touristen scheinen hier selten zu sein; und Wandertouristen besonders. Ich bin erleichtert und glücklich; aber auch ein bisschen enttäuscht. Ich hatte etwas mehr Abenteuer erwartet. Eine der Lieblingsgeschichten meines Vaters war die Begegnung mit der deutschen Polizei, als er vor dem 1. Weltkrieg mit dem Fahrrad von Berlin in die Schweiz heimkehrte. „Verhaften wir den Mann!", hiess es, und er verbrachte drei Tage und Nächte in einem deutschen Gefängnis, bis die Behörden in Berlin bestätigt hatten, es sei mit ihm alles rechtens. Er habe dort in seiner Zelle nur gesungen und geschlafen. Er sei nach dieser Zeit so ausgeruht gewesen, dass er ohne Unterbrechung die restlichen 36 Stunden in die Schweiz hinter sich gebracht habe. So eine Geschichte werde ich also nicht heimbringen können …

## Sonnenblumen

Die Landschaft ist Kulturwüste. Bis auf wenige Bäume neben der Strasse ist sie vollständig ausgeräumt. Riesige, alte Mähdrescher ernten Mais-, Getreide-, düster-grau verblühte Sonnenblumenfelder. Aus den Schneidemäulern ragen lange Spitzen nach vorn. Wie grosse Krabben tosen, scheppern, knattern sie durch die Landschaft.

In Selanovci vor einer Bar stehen die üppig blühenden Geschwister der lebensmüden, erntereifen Düsterblumen von vorhin: Vier bis fünf Meter hohe, prächtige Sonnenblumen in voller Blüte, ihre regelmässig gegenständig angeordneten Grossblätter üppige Krautpagoden.

## Starenscharen

Starenschwärme werden von den Baumkronen eingesaugt, wieder ausgespien. Sie werfen sich auf ein frisch geerntetes Feld, schwingen sich wieder in die Luft. Amöbenartige Sammelorganismen aus vielen kreischenden Vögeln. Ich versuche, sie zu filmen; doch sie sind zu schnell, mir immer eine Schwarmlänge voraus.

## Flucht nach vorne

Unterwegs frage ich, ob es in Knezha ein Hotel habe. Die einen meinen, ja, die anderen sind nicht sicher. Knezha ist ein kleines Städtchen. Das Zentrum mit einem Park und alten Bäumen liegt in einer Senke. „Ein Hotel? Längst geschlossen", erinnert sich ein alter Mann. Ich frage einen jungen Mann mit Motorrad und spiegelnder Sonnenbrille nach einer Unterkunft. Er weist mich an die Polizei. Der Polizeibeamte führt mich in eine Autowerkstatt, wo ein paar Männer zusammen plaudern und Bier trinken. Er fragt den Patron, ob ich im Schlafsaal der Arbeiter übernachten könne. Dieser führt mich dorthin – ein Raum mit zerschlissenen Matratzen, Haufen von vor Schmutz starrenden Arbeitskleidern, überall Zigarettenstummel, leere Bierflaschen; es riecht nach Schweiss, Schmieröl, Schimmel, Urin.

Hier nicht, das ist mir klar. Wie weit das nächste Hotel entfernt sei? 25 km, in Červen Brjag. Ich überlege. Es ist abends sechs Uhr. Im Indianerschritt schaffe ich es bei Tageslicht dorthin. Und los geht's – abwechselnd 50 schnelle Gehschritte, 100 Laufschritte. Abendkühle, eine grosse Dosis Limonade im kleinen Dorf Enica, Verschnaufpause bei Himmelsschmelze, dem langsamen Verglühen der Sonne in den stahlgrauen Wolken. Um neun Uhr tauchen die ersten Lichter von Červen Brjag auf. In tiefer Dunkelheit irre ich stadtwärts, eine Zeitlang einem Eisenbahnwall entlang, bis eine noch schwärzere Unterführung sichtbar wird. Mit meinem Taschenlämpchen wage ich mich hindurch und erreiche über die Ausgangstreppe den Bahnhofsplatz. Ganz in der Nähe erhebt sich der verlotterte Hotelkasten, dessentwegen ich diesen Abendmarathon unter die Sandalen genommen habe. Das Zimmer ist klein, jämmerlich, der Preis für die Übernachtung von umgerechnet vier Franken angemessen. Die Bettfedern stehen hervor wie die Beckenknochen einer spindeldürren Kuh. Das Bettzeug ist schmutzig. Der Lavaboabfluss ist verstopft. Doch bin ich dankbar um diese Bleibe – nach der Aussicht, im Schlafsaal in Knezha die Nacht verbringen zu müssen.

## Nachwehen Ostblock

Armut: Es fehlt an allem, alles ist kaputt. Die Strassen, die Bänke, die Strassenlaternen sind schadhaft. Der auffälligste Kontrast: Läden mit Handy-Telefonen, Marlboro-Zigaretten, japanischen Musik-Recordern. Die Gesichter sind oft müde und blass, viele vom Alkohol gezeichnet. Viele tragen armselige und abgetragene Kleider.

## Überfall mit Herz

In einem Zigeunerdorf setze ich mich auf eine Bank vor einem Haus. Ich packe Brot, Tomaten und Käse aus und beginne zu essen. Plötzlich bin ich von fünf Zigeunerkindern umringt. „Hallo, Tourist!", rufen sie fröhlich. Bald kommt die Mutter, eine Frau von etwa dreissig Jahren. Woher ich komme? „Is Schweizarii." „Zürich?" „Njet, Basel." Ah, Basel, wie weit, es von Zürich nach Basel sei? „90 km." „Wie weit?", fragt sie noch einmal. Aus dem Fenster schaut eine alte Frau heraus und bietet mir von oben ein Glas Limonade an. Die Mutter fragt dann ein drittes Mal, wie weit es von Zürich nach Basel sei. Dieses hartnäckige Nachfragen macht mich misstrauisch. Und wirklich: Ich merke, wie sich um meinen

Rucksack herum plötzlich ein Wirbel von Kindern und Bewegung bildet. Ich will den Rucksack zu mir nehmen. Da sehe ich: Vorher war der Rucksack zu. Jetzt ist der Deckel offen. Der Inhalt sieht durchwühlt aus. Und – ich erstarre: Aus meinem Stoffsack schaut die leere Kamerahülle hervor.

Immer wieder wurde ich gewarnt: Pass auf bei den Zigeunern, vor allem mit der Kamera. Jetzt war dieser Fall X auch wirklich eingetreten. Ich bin verzweifelt. „Gebt mir sofort meine Kamera zurück!", schreie ich. „Kamera? Kamera? Hatten Sie eine Kamera?", flöten die älteren Kinder mit Unschuldsmienen. „Ja, hier, die leere Hülle. Ich brauche die Kamera. Ich arbeite fürs Fernsehen. Die Kamera gehört zu meinem Leben. Ich brauche die Kamera!" Ich werde immer lauter, schluchze: „Und überhaupt. Immer wenn Leute sagen: ‚Zigeuner stehlen!', sage ich: ‚Nicht alle Zigeuner stehlen.' Immer nehme ich die Zigeuner in Schutz. Ich bin ja selbst ein halber Zigeuner, ziehe mit meinem Rucksack zu Fuss durch die Welt! Huhhhh!" Ich bin so froh, mich auf Russisch einigermassen verständlich machen zu können; aber jetzt heule ich nur noch. Unterdessen ist die Grossmutter aus dem Haus getreten. Sie blickt auf die Szene, hört sich mein Geplärre an. Dann sagt sie kurz und scharf zum etwa vierjährigen Jüngsten: „Varni mu camerata!" (Gib ihm die Kamera zurück!) Der Kleine trippelt davon, ab durch den Hof, und bald darauf kommt er mit hoch erhobener Kamera durchs Hoftor zurück und gibt mir die Kamera zurück. Dieses Bild, wie dieser Kleine mit dem „Corpus delicti" durch den Hof auf mich zubeilt, hüllt mich in eine Freudewelle. Ich bin diesen Menschen völlig ausgeliefert. Von nirgends kann ich Hilfe erhoffen. Und doch haben meine Gefühle ihr Herz erreicht, und dies, obwohl oder vielleicht weil ich sie theatralisch verstärkt habe.

Am Abend sollte ich dann merken, dass auch noch Schreibsachen und Malzeug fehlen – sie haben es behalten als Trostpreis für die entgangene Kamerabeute. Wie gönne ich ihnen diese Dinge, können die meisten doch einfach ersetzt werden!

Der Vater ist unterdessen auch noch aufgetaucht. Er begrüsst mich brüderlich und gibt mir den Rat auf den Weg, in Zukunft das Täschchen mit der Kamera fest in der Hand zu behalten. Man wisse ja nie bei diesen Kindern …

## Überfall ohne Herz

Ja, die Kinder. Ich erkundige mich in einem Laden nach dem nächsten Weg nach Lovetsch. Er führe auf kleiner Strasse durch mehrere Dörfer, meint der Ladenbesitzer. Er rate mir aber von dieser Route ab. Sie sei nicht sicher, ein Zigeunerdorf nach dem andern. Ich solle den Umweg über die Stadt Pleven nehmen. Ich verwerfe dies – es wären über 40 Kilometer mehr, und erst noch auf verkehrsreichen Strassen. Doch dann kommen die Kinder, zuerst zehn, dann zwanzig, dann mindestens dreissig Zigeunerkinder, die mir nachziehen, nachrufen, mich auslachen, am Rucksack zupfen. Das geht alles noch; aber dann fliegen die ersten Steine, einer trifft mich hart an der Schulter, einer saust nahe am Kopf vorbei. Ich bitte eine Zigeunerfrau, die hinter einem Gartentor auftaucht, um Hilfe. Ich sei Fremdling hier, zu Fuss unterwegs, auf die Freundlichkeit der Menschen angewiesen. Sie tritt auf die Strasse, schreit die Kinder an. Die Meute stiebt auseinander, in wenigen Sekunden ist kein Kind

mehr zu sehen, die Strasse leer gefegt. Ich danke ihr, bin aber nun doch zutiefst verunsichert. Ich gebe den Plan auf, auf der kleinen Landstrasse von Zigeunerdorf zu Zigeunerdorf nach Lovetsch zu gelangen.

## Verkehrsfrei dank Weltbank

Es ist schon 15:30 Uhr. Bis Pleven sind es 42 Kilometer, fünf Stunden im Indianerschritt. Am Dorfausgang treffe ich auf eine Polizeistreife. Die zwei Polizisten weisen mich auf die Hauptstrasse. Sie werde gerade verbreitert und neu geteert, ein Projekt der Weltbank; aber ich könne sie schon benützen.

So spurte ich los. Für die ersten 25 Kilometer benötige ich drei Stunden. Wegen der Belagsarbeiten ist der Verkehr völlig gesperrt. Da steht es wieder – das Polizeiauto. Sie sind erstaunt, dass ich schon hier bin. Wer mich mitgenommen habe? Alles zu Fuss? Nicht möglich, meinen sie. Wohin es denn gehe? Als ich Jerusalem nenne, zieht der eine der beiden Polizisten seinen Schlüsselbund hervor. Auf dem Schlüsselanhänger steht „Jerusalem". Seine Schwester habe dort gearbeitet.

## Kapitulation

Jetzt fliesst reger Verkehr. Neun Kilometer lege ich noch zurück. Dann nimmt die Erschöpfung mehr und mehr zu. Zum ersten Mal schmerzen meine Füsse stark. Ich gebe den Laufschritt auf, schleppe mich mühsam weiter. Ich bin völlig ausgetrocknet. Nirgends findet sich auf dieser Hauptstrasse eine Gelegenheit, etwas Trinkbares zu kaufen. Da hält ein junger Mann in weissem Auto am Strassenrand und fragt mich, ob ich bis Pleven

Blick aus dem Hotelzimmer in Pleven, 27. 8. 2003

mitfahren wolle. Ich nehme meine Schwäche und sein Angebot an. Acht Kilometer im Auto – er setzt mich in Pleven vor einem modernen, schönen Hotel ab. Es wurmt mich, schwach geworden zu sein. Doch anerkenne ich auch: An diesem Tag war ich ausserordentlichen Belastungen ausgesetzt; und zudem hätte ich von Knezha direkt nach Pleven wandern können. Mit dem Umweg habe ich fünfzig zusätzliche Kilometer zurückgelegt.

## Einsam

Ich warte als einziger Gast im gediegenen Speisesaal auf mein Gemüse. Moralischer Tiefpunkt der Reise. Mir ist unwohl in diesem Land. Ich spüre eine ängstliche Grundhaltung. Ich habe Bedenken, diese könne auch weitere Widerwärtigkeiten anziehen. Zum ersten Mal fühle ich mich sehr allein und verletzlich; zum ersten Mal kommt auch der Gedanke, ich müsse die Reise abbrechen, ich schaffe es nicht bis ans Ziel.

Später im Zimmer höre ich ein Chopin-Klavierkonzert am Fernsehen. Der Pianist gestaltet die Melodien hoch musikalisch, vollkommen. Die wunderbare Musik löst die Tränen. Ich lasse ihnen freien Lauf.

Ich habe stark abgenommen. Hauptnahrung sind Schwarzbrot, Käse, Tomaten, Wassermelonen, Mineralwasser, Joghurt von hervorragender Qualität – in Bulgarien soll ja Joghurt erfunden worden sein. Zum Nachtessen lasse ich mir meist eine Gemüsesuppe oder einen Gemüseeintopf kochen. Ich schalte einen Ruhetag ein, decke mich auf dem Markt mit reichlich Früchten ein und päppele mich im Hotelzimmer auf – abwechslungsweise Schlafen und Essen. So esse ich mir wieder einige

Pfunde an. Auch die Stimmung hellt sich langsam wieder auf.

## Gelobet sei …

Für die nächste Etappe habe ich zu wenig Flüssigkeit mitgenommen. Trauben, Äpfel und Tomaten lindern den ärgsten Durst für eine Weile. Dann jedoch klebt die Zunge dick und trocken am Gaumen. Eine Plakatwand kündigt eine Shell-Tankstelle in sieben Kilometern an. Es wird eine lange, mühsame Durststunde. Ein See, der wie ein leuchtendes Auge zwischen den Hügeln leuchtet, verstärkt das Durstgefühl. Im Wasser spiegeln sich Bäume und Büsche des Uferwalds. Diese See-Oase gibt der sonst herben Landschaft ein liebliches Gepräge. Welche Erleichterung, als die neue Tankstelle hinter einer Strassenbiegung auftaucht. Nie hätte ich gedacht, wie willkommen mir eine Tankstelle sein kann. Ich kaufe reichlich kühles Mineralwasser ein. Im Schatten eines Busches, auf dem Rasen neben der Tankstelle, setze ich mein Körperinneres langsam und genussvoll unter Wasser.

## Demokratie in Lovetsch

In Lovetsch führt eine gedeckte Holzbrücke mit Läden über ein kleines, fast ausgetrocknetes Gewässer. Die Strömung ist fast nicht erkennbar. Auch reihen sich hübsche, vielfarbige, klassizistische Häuser aneinander, halbrunde Erker, blaugrün bemalte Säulenbögen. Ich entziffere mit meinen Russischkenntnissen die bulgarische Aufschrift auf einem gelben Haus mit weissen Fensterrahmen: „Zentrum zur Förderung der demokrati-

Vor Lovetsch, 29. 8. 2003

schen Kräfte". Auf dem Dach hocken friedlich Tauben, demokratisch in Reih' und Glied. Sie putzen ihr Gefieder.

Marx und Engels haben auf einer Strassentafel die Wende überlebt; und der kleine dunkle Esel, der vor einem Leiterwagen aus der Stadt hinaustrabt, die Autorevolution.

## Mish-Mash!

Im Hotelrestaurant versuche ich, einen Gemüseeintopf zu bekommen. Mit Worten und Gesten beschreibe ich das Gewünschte: Zwiebeln, Zucchini, Aubergines, Tomaten. Pantomimisch schneide ich diese Zutaten in kleine Stücke, ein bisschen Käse dazu, Oliven, Gewürze. Kochen. Die letzte Nummer hat der Kellner offenbar nicht verstanden. Er kommt mit einem grossen, fein geschnittenen Salat mit Oliven und Käse, ungekocht. Ich esse ihn trotzdem – entgegen der Devise: „Peel it, cook it or forget it" (Schälen, Kochen oder Seinlassen) – und frage mich nachher, ob das klug war.

Am Tag darauf in Sevlievo frage ich den Kellner, was ich unter dem in der Speisekarte angeführten „Mish-Mash" zu verstehen habe: Verschiedene Gemüse, Oliven, Gewürze, etwas Käse, Ei – genau, was ich am Abend vorher umständlich dem Kellner zu beschreiben versucht habe. Von nun an muss ich beim Bestellen nur noch das Zauberwort „Mish-Mash" sagen und werde darauf bestens versorgt.

## Heufuder mit Ohren

Die Hitzewelle hält an. Es ist 40 °C heiss. Der Weg führt durch sanfte Hügel, durch Obstgärten – vierzig Kilometer auf kleiner Nebenstrasse, dreissig Kilometer ohne Dorf. Eine Gruppe Wasserbüffel liegt im Schlamm. Ihre dunklen Leiber glänzen in der Sonne; prall-dunkle Holunderbeeren auch. Der Verkehr beschränkt sich heute auf ganz wenige Autos und einen mit Heu beladenen Eselwagen. Der Bauer im roten Leibchen zieht an den Zügeln. Der Esel hält. „Woher? Wohin?" „Aus der Schweiz. Nach Bethlehem." „Autostop?" „Ne, pescha – zu Fuss." „Oh, oh; na dann, alles Gute." Die roten Speichenräder beginnen sich wieder zu drehen. Bald sind nur noch ein Fuder Heu, zwei schwarze Eselsohren, vier kleine Hufe, ein grauer Schopf und ein Streifen roten Leibchens zu sehen.

## „Auto"-Gramm

Auf einem geraden, sanft nach unten führenden Strassenstück im Wald überholt mich ein tuckerndes, klappriges Auto, vom Motorengeräusch her ein Zweitakter – als Kind erkannte ich die Automarke DKW an diesem unverwechselbaren Geräusch. Es hält an. Ich gehe weiter. Das Auto tuckert mir nach, überholt mich wieder, hält erneut an. Ein grosser, hagerer Mann windet sich aus dem kleinen, mit Gerümpel vollgestopften Auto. Er packt mich mit Daumen und Zeigefinger am Ärmel meines Leibchens. Seine Finger sind schwarz von Karrenschmiere. Sein Daumen hinterlässt einen schwarzen Abdruck auf meinem weissen T-Shirt. Er schleppt mich ums Auto herum, zur Kühlerhaube. Er murmelt etwas von Autogramm. Ich glaube, er wolle meine Hilfe bei einer Autoreparatur beanspruchen, worauf ich weder Lust noch Fähigkeiten habe. Ich fühle mich überrollt, reisse mich los und gehe weiter, auf der anderen Strassenseite. Bald höre ich das Tuckern wieder. Er hält an, streckt mir ein silbernes Kruzifix und ein bebildertes Kalenderchen 2003 entgegen. Das sei für mich. Und Gottes Hilfe auf der Pilgerreise. Ich verstehe nun, was er von mir wollte – ein Autogramm mit Fettstift auf die Kühlerhaube, ein „Auto"-Gramm im buchstäblichen Sinne. Wie schäme ich mich, so abweisend und unfreundlich gewesen zu sein!

## Blütenwinken

Gewaltmarsch in der Hitze – 60 Kilometer bei 40 °C durch eine Waldhügellandschaft von einfacher, wilder Schönheit. Es ist dunstig. Die hintereinander gestaffelten Hügelzüge werden immer verschwommener, schemenhafter und verblassen in der Ferne. Immer wieder lachen mich Blütenwunder an: Gelbe Habichtskraut-Sonnen, die aus den dürren Halmen hervorleuchten; weisser Kerbelblütenstand – er besteht aus 20 kleineren Blütenansammlungen. Die Anordnung erinnert an Schneeflocke oder Wasserkristall unter dem Mikroskop. Wunderbar gestaltendes Schöpfungsgesetz, das alles durchwaltet. Ich erlebe das sanfte Schaukeln der Blüten im Wind wie ein Winken, ein zärtliches Streicheln.

## Auch rötlich

In der Dämmerung erreiche ich Veliko Tarnovo. Auf einem Rundgang durch die nächtliche Stadt merke ich, wie geschichtsträchtig dieser Ort ist. Zur Zeit der Assen-Dynastie (1185–1241) war es die Hauptstadt von Bulgarien. Ein 800-Jahr-Jubiläum hat seine Spuren hinterlassen. Als gespenstischer Rittertanz um einen Obelisken herum strahlt das Assen-Denkmal weiss aus dem Dunkel. Es zeigt die vier Könige Assen, Peter, Kolorit und Iwan Assen II. auf ihren Pferden. Dieser Assen-Clan befreit Bulgarien von der byzantinischen Herrschaft. Bulgarien erlebt damals eine kulturelle und wirtschaftliche Blütezeit. Die Stadt schmiegt sich mit ihren alten, geschachtelten Häusern an eine vom Fluss Rosica geschaffene Naturarena. Mit ihren erleuchteten Fenstern sieht sie wie ein grosser Adventskalender aus. Im Zentrum der Flussschlaufe schimmert im Flutlicht ein rötliches schlossähnliches Gebäude mit Türmen, Vorbau mit gotischen Bögen und elegantem Säulen-Porticus. Auch rötlich schimmert ein ehemals mit Blut gefüllter, zerquetschter Floh auf der vergilbten Tapete meines schäbigen Zimmers im „besten" Hotel der Stadt.

## Schutzengeleinsatz

Nach vielen Wochen Dürre fällt wieder einmal Regen. Wie eine glänzende Blindschleiche zieht sich die nasse Strasse im Gegenlicht durch die hügelige, braun-düstere Landschaft. Wieder einmal spüre ich einen Schutzengel an meiner Seite. Ein Fuhrwerk mit mehreren Zigeunern klappert an mir vorbei. Dem Gefährt trabt ein munteres, braunes Fohlen nach. Es verlässt die Fahrbahn und gerät hinter die Leitplanke. Der Fuhrmann hält an, treibt es auf die Strasse zurück. Es galoppiert hinter dem Wagen auf die gegenüberliegende Fahrspur, als dort gerade ein VW-Käfer in grossem Tempo daherkommt. Der VW-

Fahrer steht voll auf die Bremse. Sein Auto kommt ins Schleudern und segelt nur wenige Zentimeter an mir vorbei. Kalt und scharf zischt die Todessense an mir vorüber. Das Schleuderfahrzeug kommt neben der Strasse beschädigt zum Stillstand. Das Fohlen ist gestürzt. Es rappelt sich wieder auf. Zuerst scheint es unverletzt. Dann beginnt es aber doch zu hinken. Dankbar dem Schutzengel ziehe ich weiter bis Stara Reka, einem verschlafenen Strassenzeilendorf am Fusse der Gebirgszüge Elena-Tvardiska und Kotelenska Planina.

## Wunderfühlig

Die Strecke von Stara Reka nach Sliven wird zu einem Höhepunkt meiner Wanderung. Ich bin an diesem Tag so aufnahmefähig, bereit zum Staunen über die Wunder am Weg.

Da steht ein dunkler Esel mit heller Schnauze auf einer kleinen Wiese am Dorfrand, um ihn herum schwer mit Früchten behangene Apfelbäume. Er schaut zu mir hin, dreht mir seine grossen Ohren zu. Eine Weile halten wir stumme Zwiesprache.

Die trockenen Blätter grosser Disteln bilden echsenartige, stachlig-bizarre Skulpturen. Je zwei gegenständige Blätter bilden wie zwei dürre, gerippte Arme eine Leierform, die einen Herzraum umschliesst. Das gesamte Blattgeripppe ist mit hellen, scharf-spitzen Dornen besetzt. Die Fruchtstände sind dornig-stachlig abweisende Ovalkörper, die in ihrer Wehrhaftigkeit an uralte Waffen erinnern, spiessige Hellebarden, Rühr-mich-nicht-an-Dinge.

Beim Strassenbau ist das Gestein angeschnitten worden. Vielfarbige, reich geschichtete Steinformationen kommen zum Vorschein, erstarrter Fluss. Hagere Wurzelfiguren bevölkern erodierte Hohlräume. Ich sehe Fratzen, Figuren, Gesichter, Reliefs. Hier ein achteckiger Felsbrocken mit kleinen, wie von Künstlerhand dekorativ auf der glatten Oberfläche verteilten Felssplittern in mehreren Ockertönen, dort ganz dünne Gesteinslametten, die eine zerklüftete Mikro-Karstlandschaft formen. Der Wind treibt schnell fahrende Wolken vor dem hellblauen Himmel über den Wald dahin, weiss, flockig, schäfchenartig; ihre Form passt gut zum Wald, zu den sich hier grün im Wind aufplusternden, in Waldwellen wogenden Baumkronen.

## Holzkumpane

In diesen Waldbergen wird viel Holz geschlagen. Immer wieder fahren schwer mit Holz beladene Camions an mir vorbei. Alle, denen ich zuwinke, winken zurück. Einige sehe ich innerhalb von zwei Tagen ein zweites, gar ein drittes Mal. Das Zurücklächeln wird bei jedem Mal herzlicher.

In meinem Leben ist das eine oder andere sonderbar. Doch irgendeinmal enthüllen die Dinge ihren Sinn. Daran denke ich, wie ich so durch die Waldhügel schreite und den Lastwagenfahrern zuwinke. Ich freue mich am Sonderbaren in meinem Leben.

## Methusalem

Sliven. Das Formtief, das ich in den ersten Bulgarientagen erlebt habe, ist nun ganz überwunden. Damals belasten mich die Armut, der allgegenwärtige Zerfall, die Zurückhaltung der Menschen. Als ich ein Kerzenmeer

Vor Sliven, 4. 9. 2003

und Volkstänze auf dem Platz im nächtlichen Sliven miterlebe, ist das alles wie weggeblasen.

Mitten in der Flaniermeile steht eine 1000-jährige Ulme. Eine Marmortafel mit den reliefartigen Aufschriften „Stariat Briast" – „Ulmus campestris" – „Polski Briast okolo 1000 godini" (fast 1000-jährige polnische Ulme) ehrt den alten Stadtgesellen.

## Sprechende Hände

Jambol. Ich versuche die Handsprache des Rentners zu verstehen, der auf der Parkbank gegenüber seinem Bankgenossen etwas erzählt. Die Hand öffnet sich, stellt eine Fläche in den Raum, verwirft sie mit schwungvoller Geste. Der Zeigefinger fährt aus, bestimmt, streng, schneidend. Die Hand wird zur Faust, versteckt sich beim Hosensack, fährt noch einmal mit einer etwas einholenden Geste aus, bevor sie auf dem Knie ausruht. Jetzt kommt die linke Hand ins Spiel, bringt mit einem Stoss nach rechts etwas Neues hinein, bevor sie sich mit der rechten vor dem Knie verschränkt und Ruhe gibt. Ist die weisse Wolke dort drüben über dem alten Baum eine Taube oder ein Engel?

Gegen Abend bedeckt sich der Himmel. Die Sonne findet ein Glutloch in der Wolkendecke und schickt eine leuchtende Strahlenrampe schräg hinunter zur Erde. Später quellen die rotorangen Strahlen kranzförmig aus mehreren kleinen Wolkenlöchern heraus – Götterdämmerung über Jambol.

## Kirche – Disco – Kirche

In diesen weiten Ebenen mit fernen Hügeln, Waldwuchs am Horizont, mit vereinzelten Bäumen, Wolkenschatten und grasenden Herden spüre ich die Erdkrümmung wieder ganz stark. Auch liegt das nahe Meer in der Luft – der Wind trägt Meeresahnung herbei, vor seidenblauem Himmel.

In Voinika platze ich in ein Kirchweihfest hinein. Das kleine, orthodoxe Kirchlein stammt aus dem Jahr 1865. 1962 wird die Kirche unter der kommunistischen Regierung geschlossen. Die Kirche steht fast dreissig Jahre leer. Das Dach bekommt ein Loch. Die Kirche wird mehr und mehr zur Ruine. 1990, noch unter dem kommunistischen Regime, werden eine Disco und ein Freizeitraum für Jugendliche eingerichtet. Vor zwei Jahren ergreift der Bürgermeister die Initiative. Er findet Donatoren, treibt Geld auf. Er stellt einen Architekten an, der schon mehrere Kirchen renoviert oder auch neu gebaut hat. Einem Ikonenmaler gibt er den Auftrag, neue Ikonen für das Gotteshaus anzufertigen. Der weisse Turm mit dem zierlichen, achteckigen Dachaufbau wird neu errichtet, eine neue Glocke gegossen; und gerade an dem Tag, am 6. September, dem bulgarischen Nationalfeiertag, wird das schmucke Kirchlein mit Musik, Volkstänzen und Festmahl eingeweiht.

Milen, der Sohn des Bürgermeisters, holt mich nach dem musikalischen Teil an den Festtisch, wo die Honoratioren tafeln. Da sitzen ein orthodoxer Patriarch und der griechische Generalkonsul in Bulgarien neben dem Popen und dem Bürgermeister und geniessen ihre „Gulaschkanonen"-Suppe. Milen verschwindet, als er meinen leeren Teller sieht und den Grund dafür erfährt. Er kommt zurück mit Brot und Käse sowie süssreifen Tomaten und Prachtstrauben aus dem elterlichen Garten. Nach dem Essen nehmen mich Milen, die Frau, die das Fest koordiniert hat, der Bürgermeister, der Pope, der Architekt und der Ikonenmaler ins Schlepptau. Sie zeigen mir das auferstandene Kirchlein und posieren davor für eine Filmaufnahme.

### Thalassa!

Plötzlich erblicke ich von einer Anhöhe aus die Skyline von Burgas, ein paar weisse, ein paar braune Backsteinhochhäuser, dazwischen Kleingehäus und Bäume. Davor glänzt blau der Burgasko Esero – der Burgas-See. Wenig später taucht dann das Azurband auf, Meeresweite hinter der Stadt. Einige Schiffe, lange Tanker, sind vor dem Hafen verankert. Ich bin bewegt: Das Wasser des Inn und der Donau finden hierher – Wasserverbindung zu Rebekka in Guarda im Engadin. Der Donau bin ich in den letzten Wochen immer wieder begegnet. Jetzt sind wir beide hier am Schwarzen Meer angekommen – an der Sonnenseite von Bulgarien, wo sich Touristen aus aller Welt einfinden und der Stadt etwas Wohlstand bringen.

### Christoph

In Primorsko am Schwarzen Meer stösst Christoph Sutter zu mir, nach Wochen des Alleinwanderns eine Riesenfreude. Ich lerne Christoph vor zehn Jahren an einer Sonnenlandsgemeinde kennen. Er arbeitet damals für ULOG, die Sonnenkocher-Gruppe um Ueli und Lisel Oehler. Heute leitet er eine international im Klimaschutz tätige Firma. Vom ersten Moment an ist mir der junge Mann sehr sympathisch. Seither sind wir Freunde geworden.

### Empfangskomitee (fast) verpasst

Zarevo. Ein grosser Maulesel mit schwarzbraunem Glanzfell kreuzt auf der stark befahrenen Strassenkreuzung hin und her. Er sorgt mit seinen abrupten Richtungs- und Tempowechseln für natürliche Verkehrsberuhigung. Er schwingt seinen Schwanz munter hin und her und wackelt geschäftig mit den langen Ohren. Während wir uns am Maulesel freuen, wartet ein Empfangs-Komitee auf der Hauptstrasse am Ortseingang auf uns. Michail Dontscho, Arzt mit Kontakten zu Freunden in der Schweiz, holt uns. Der grosse Mann mit wildem Wuschelkopf und grau-schwarzem Hemingway-Bart fährt uns eine kurze Strecke zurück zu den anderen. Da stehen sie, Mitarbeiterinnen und Mitarbeiter von Michail aus dem Spital, und halten ein grosses Transparent mit zwei Schuhabdrücken und dem Text „Basel – Tzarevo – Jerosalem – Herzlich willkommen, lieber Martin!" Sie begleiten uns zu Michails Haus. Im Schatten eines grossen Nussbaumes werden wir reichlich bewirtet. Nach dem Essen klettern Christoph und ich im Vollmondschein die Steilküste hinunter zum Meer. Christoph möchte noch eine Weile allein sein. Ich suche den Weg zum Haus zurück. Ein Schatten folgt mir. Ich bleibe stehen. Der Schatten hält auch an. Unheimlich. Bis sich der Schatten als scheuer, anhänglicher Hund entpuppt.

### Bei Hadjistamovs

In Izgrev, dem nächsten Dorf, weilt eine Familie in den Ferien, die in Riehen bei Basel wohne. Wir sollen sie doch besuchen. Als wir in Izgrev ankommen, fährt bei einem Haus gerade ein weisser Mercedes mit Basler

Nummer vor. Ein etwa 60-jähriger, grauhaariger Mann steigt aus, mit einem Nelkenstrauss in der Hand. Ich spreche ihn an – es ist Dimiter Hadjistamov. Er hat soeben die Blumen für seine Frau Emilia geholt, die heute ihren Geburtstag feiert. Dimiter arbeitet als Chemiker bei der CIBA in Basel. Er hat noch nichts von den beiden Schweizer Wanderern gewusst – doch Emilia erwartet uns schon. Michail Dontscho hat bei ihr angerufen und unseren Besuch angekündigt. Wir feiern Geburtstag, mit Tee und selbst gebackenen Krapfen.

Sie zeigen uns das alte Haus, das nach und nach renoviert wird. Die alten Tragbalken, die antike Decke mit gekerbten Deckleisten sehen ähnlich aus wie das Holzwerk in meinem alten Haus in Elm. Vom Haus aus überblicken wir die weiten, stillen Waldhügel.

## Mit Sonne kochen

Dimiter und Emilia haben bei ULOG einen „Sonnenkocher" konstruiert, mit dem sie in Riehen gelegentlich kochen. Da Christoph bei ULOG gearbeitet hat, freuen wir uns über diese „Kleine-Welt"-Begegnung. „Man glaubt es nicht, wenn man es nicht selbst erlebt hat", schwärmt Emilia. „Eine Kiste, Sonnenlicht – und damit lassen sich feine Gerichte garen. Es ist so erstaunlich, dass so hohe Temperaturen – bis 130, 140 °C – erreicht werden." Sie habe es auch ihrer Mutter gezeigt. Diese war völlig überrascht und beeindruckt. Jetzt möchten sie einen Kocher hier ins Dorf bringen und diese Kochmethode hier einführen.

## Mit Wind gegen Vögel

In einem Rebberg im Dorf entdecken wir eine einfache Methode, wie die Vögel von den Trauben ferngehalten werden. In die Wand einer PET-Flasche werden drei Längsstreifen eingeschnitten und als Propeller nach aussen geklappt. Die Flasche wird um eine metallische Drehachse herum senkrecht zu einem Stock montiert. Der Wind dreht den Propeller. Die Flasche dreht sich mit, klappert und vertreibt gefiederte „Traubendiebe". Hingegen bei Alexander, dem dreijährigen Buben von Dimiter und Emilia, finden die drehenden Flaschen Anklang. Er jauchzt vor Entzücken, je mehr der Wind die Flaschen in Schwung bringt.

Dimiter erklärt uns seinen Namen – „Hadjistamov": Sein Grossvater und sein Vater pilgerten beide nach Jerusalem. Wer heil von dort zurückkam, durfte nach den griechisch-orthodoxen Gesetzen seinem Geschlechtsnamen das Wort „Hadji" voranstellen, was auf Arabisch „Pilger" bedeutet. So werden aus den Herren Stamov die Hadjistamov. Ich dürfe mich dann auch „Hadjivosseler" nennen, wenn ich es bis Jerusalem schaffe.

## Ladentanz

In Kondolovo schliesst uns eine geistreiche, lebenslustige Frau den Laden auf. Sofort funkt es zwischen uns. Ich frage, ob sie die Präsidentin des Dorfes sei. Sie lacht: „Nur Präsidentin des Dorfladens!" Wir lachen. Wir machen ein Tänzchen im Laden – eine Begegnung von nicht mehr als fünf Minuten; und schon mischt sich beim Abschied ein Tropfen Trauer in die Freude. Und auch die alten Holzhäuser am Dorfrand mit ihren bau-

Bei Gramatikovo im bulgarisch-türkischen Grenzgebiet, 10. 9. 2003

fälligen Lauben und gewellten Dächern weinen Vergänglichkeit.

## Fleisch bei den Gescheiten

Am Abend treffen wir in Gramatikovo ein. Nicht umsonst tönt die Ortschaft so gescheit. Dimiter hat uns erzählt, von hier stammen viele gescheite Leute – darunter fünfzehn Akademie-Mitglieder. Im Dorf-Café warten wir auf den Kmet, den Bürgermeister, der sich dann aber als Kmeta, Bürgermeisterin, entpuppt. Sie weiss von uns, hat von Michail Dontscho auch schon Instruktionen erhalten. Sie bringt uns Pommes-frites, heissen Käse und Gurken. Dann weist sie uns eine schöne Wohnung im Gemeindehaus zu – der einzige Schönheitsfehler: Es riecht nach rohem Fleisch, das in rauen Mengen in einer Tiefkühltruhe lagert. Ein Märchen kommt mir in den Sinn: „Ich rieche, rieche Menschenfleisch …“ So wählen wir zum Übernachten das Zimmer, das am weitesten vom Fleisch entfernt liegt.

## Früchte- und Fliegenorgie

Immer höher hinauf führt die kurvenreiche Strasse, durch Eichen-, Buchenwälder, Föhrenhaine, der bulgarisch-türkischen Grenze entgegen. Bei einer verwilderten, ganz eingewachsenen Mirabellenplantage ernten wir die goldgelben, süssen Früchte – ein Schlag mit Brunos Stock an einen Ast, und über uns herab prasselt der Fruchtregen. Kurz danach wartet der nächste Dessert-Gang – reife Brombeeren, so reif, dass sie bei sachter Berührung schon in die Hände fallen.

Fliegenschwärme fallen über uns her. Christoph filmt mich, wie ich mit rhythmischem, energischem Fahnenschlag die Plaggeister von mir fernhalte. Der Schwarm ist dicht: Die Fliegen krabbeln auch auf der Linse der Kamera herum – sie tauchen als rasende, verschwommene Monster im Film auf.

Bald überholt uns ein anderer Schwarm: Eine lange Kolonne von Campern mit deutschen und bulgarischen Kennzeichen fährt auf die Grenze zu, ein mobiles Feriendorf unterwegs.

## Eine Nacht im Spital

Dann taucht auch der vertraute helle Mercedes wieder auf. Dimiter Hadjistamov und Michail Dontscho fahren die Strecke ab. Sie wollen sicher sein, dass es uns gut geht. Michail hat auch die nächste Unterkunft in Malko Tarnovo, der letzten Ortschaft vor der Grenze, rekognosziert. Wir sollen uns dort im Spital melden – Hospitalisierung für eine Nacht …

In Malko Tarnovo suchen wir das Spital. Es scheint darin alles zu haben, was es in einem Spital braucht – ein grosses Foyer, Treppenhäuser, lange Gänge mit glänzend gebohnerten Böden – Stimmen und Schritte hallen laut, schöne Spitzenvorhänge mit kunstvollen Blumenmustern, naturalistische Bilder, gesunde, lebenskräftige Grünpflanzen, Spitalzimmer. Schilder weisen auch in den Operationstrakt, ins Labor.

Es hat alles, nur keine Menschen. Es scheint hier keine Kranken zu haben. Wir sind die einzigen „Patienten“. Auch kein Personal. Nur einmal sichten wir einen braun gebrannten Chirurgen im grünen Operations-Dress, der die Treppe herunterkommt. Und dann noch die freundliche, dunkelhaarige Frau, die uns im zweiten

Stock ein leeres Spitalzimmer zum Übernachten anbietet. Gespenstisch.

Endlich öffnet sich der Himmel und netzt die trockene Erde. Im strömenden Regen suchen wir ein Restaurant. Der Kellner, Koch und Wirt in einer Person würde auch in eine Autowerkstatt oder in einen Secondhandshop passen. Blue Jeans, Jeans-Jacke – lässig nimmt er die Bestellung entgegen. Er kenne mich, er habe mich vor ein paar Tagen in Primorsko gesehen. Schwungvoll landen auch Pommes frites und heisser Käse vor uns auf dem Tisch.

## Drive, drive, drive

Die Grenze kündet sich mit einigen zerfallenden Zollbauten an – „BULGARIA" prangt in grünen Lettern auf einer der Ruinen. Auf einer verrosteten Tafel steht auf deutsch „GRENZZONE". Ein hoher Wachtturm mit einem Wächterhäuschen auf schwindelerregendem Gestänge erinnert an den „Eisernen Vorhang". Ich filme ihn heimlich aus der Hüfte heraus.

Mit „SÜPER – Duty Free Shop" empfängt uns die Türkei, das achte Land auf meiner Wanderung. Die rote Fahne mit weisser Mondsichel und weissem Stern flattert an der Stange neben dem Zollhaus. Ein prachtvoller, muskulöser Zöllner mit Armen in Oberschenkeldicke kontrolliert unsere Pässe. Als er von meiner Wanderung hört, wendet er sich an Christoph – er meint, dieser sei mein Sohn: „Christoph", sagt er mit Nachdruck und mit Blick auf den verrückten, vermeintlichen Vater. „Buy a BMW, and drive, drive, drive!" (kauf einen BMW und fahre, fahre, fahre!)

## Schmerzliche Niederlage

Nach der Grenze hält ein Militär-Jeep neben uns. Ein Soldat kontrolliert die Pässe. Es sei strengstens verboten, die nächsten neun Kilometer zu Fuss zu gehen. Militärische Manöver seien hier im Gang. Ich halte dem entgegen, wir hätten ein Gelübde abgelegt, bis Jerusalem zu Fuss zu gehen. Der Soldat fährt weg. Bald kommt ein anderes Fahrzeug; diesmal mit dem Kompagnie-Kommandanten. „Sie müssen ein Taxi nehmen. Die Strasse ist für Fussgänger gesperrt." Ich denke an Bruno Manser. Würde er sich fügen? Niemals. Es käme für uns unter keinen Umständen in Frage, diese Strecke nicht zu Fuss zu gehen. Ich käme aus der Schweiz zu Fuss und werde auch die nächsten neun Kilometer zu Fuss gehen. Er könne uns ja mit einem Fahrzeug eskortieren lassen. Der Wortstreit geht hin und her. Dann greift der Hauptmann an die Pistole und sagt: „Please, I try to be polite; be also polite!" (Bitte, ich versuche höflich mit Ihnen zu sein; seien Sie auch höflich!) Und als wir immer noch nicht nachgeben, gibt er eins drauf: „So far we were very friendly with you; but we can also be different!" (Bis jetzt waren wir sehr freundlich mit Ihnen; aber wir können auch anders sein!) Christoph und ich schauen uns an und – geben nach. Bald sitzen wir in einem Taxi und fahren durch das Manövergebiet bis kurz vor das nächste Dorf, Dereköy.

## Im Orient

Der Kulturwechsel ist frappant. Wir haben die Grenze zum Orient überschritten. In Bulgarien sind die Dörfer ruhig, die Menschen zumeist zurückhaltend. Hier wogt der Markt. Das schlanke, weisse Minarett ragt wie ein scharf gespitzter Farbstift aus den sich darum herumduckenden Ziegeldächern heraus und prägt das Dorfbild. Um die Hauptstrasse herum branden Rufe, Schreien, Feilschen. Viele Männer sitzen in den Teestuben. Immer wieder werden wir angeredet. Männer rufen uns zu: „Dschai, dschai!" (Tee, Tee!). Sie winken uns heran. Ihre Rechte formt ein Glas, die Linke mimt den kleinen Löffel, der im Teeglas rührt. Hätten wir alle Einladungen angenommen, wäre ich erst an Ostern in Bethlehem angekommen …

## Wo sind sie geblieben?

Immer wieder winken, hupen sie, betätigen das Fernlicht, lachen uns an oder aus, erheben die Hand. Sie drehen sie und fragen damit: „Warum zu Fuss unterwegs?" Öl ist immer noch der Saft, der alles in Bewegung hält, mit all dem Lärm und Gestank, der damit einhergeht. Ich habe viel mehr Tiere erwartet, Esel, Maultiere, Pferde. Sie sind praktisch verschwunden, in ein paar Jahrzehnten. Als ich 1962 mit meinem Vater in Griechenland herumreise, prägt noch die Muskelkraft das Strassenbild. Kaum Autos, die Menschen zu Fuss, Lasten auf Esel- und Maultierrücken – zum Beispiel ein nicht abbrechender Strom von Menschen und Lasttieren auf der steilen Zickzackstrasse in Santorin, die vom Hafen zur Stadt hinaufführt, ein Alltag voller Leben; aber auch mit vielen gemarterten, geschlagenen, unterernährten Tieren.

Kirklareli. Halbzeit – ich bin 11 Wochen unterwegs – etwa 2700 Kilometer. Bis Istanbul fehlen noch etwa 180 Kilometer.

## Raupe unterwegs

Eine fette, grosse Raupe sucht ihren verschlungenen Weg durchs Geröll am Rande der Strasse. Der rote Rückenstreifen läuft in einen kecken, roten Stachel am Körperende aus. Zehn weiss-schwarze Farbaugenpaare segmentieren und schmücken ihren Leib; dazwischen hat es grüne Streifen und kleine hellblaue und weisse Tupfen, das getüpfelte Seidenkleid einer alten Dame. Zuhinterst prangt ein Gesicht, eine maskenartige Fratze. Sie könnte Angreifer verwirren, wenn diese nicht mehr wissen, was hinten und vorne ist. Dieses Wunderwerk der Natur pumpt sich mollig-weich durch die trockene, hartkantige Steinlandschaft. Die Saugnapf-Füsschen überklettern kleinere Steine, umkriechen grössere zielstrebig, emsig, ruhelos, getrieben, bis zum nächsten Blatt, das nach ihrem Gusto ist; und an dem beginnt sie zu raspeln.

## Herbstpendel

Dann hat es zahllose unterschiedliche Schnecken, rundlich-wulstige, daneben flache, posthornartig gewundene, weisse, braun-weiss gestreifte. Zwei besonders grosse, schöne Exemplare tun sich an den pelzigen Blättern einer Königskerzen-Rosette gütlich. Einige hängen traubenartig an einem dürren Pflanzenstengel. Eine flache Schnecke klammert sich auch an einen Halm, der im Winde tanzt – Herbstpendel.

## Vereint …

Kurz vor Cakili kommt es zu einem „Joint venture" mit Ameisen. Am Strassenrand verrät ein kleiner, sandiger Ringwall den Ameisenbau. In der Mitte des Walls ist der lochartige Eingang sichtbar. Die „Effigy mounds" kommen mir in den Sinn – die wallartigen, hügelförmigen Grabanlagen der Indianer im nördlichen Mississippi-Gebiet. Da krabbeln sie, aus dem Loch heraus, ins Loch hinein, die kleinen Arbeiterinnen, die grossen Krieger. Zwei kleine Ameisen mühen sich an einem Sonnenblumenkern ab. Dieser übertrifft ihren Körper an Grösse und Gewicht um ein Vielfaches. Unter Aufbietung aller Kräfte versuchen die beiden den Kern über den Wall zu bugsieren. Die eine hat vorne, die andere hinten mit ihren Mundzacken angepackt. Doch die Beute kollert am steilen Wallhang immer wieder herunter und reisst die beharrlichen Trägerinnen mit. Ein neuer Anlauf, eine kleine Ameise zieht, die andere stösst, eine dritte grosse kommt dazu und will helfen. Wieder erfolglos. Jetzt versucht die grosse, den Samen allein rückwärts den Hang heraufzuziehen. Auch sie strauchelt wieder. Unterdessen ist ein zweites Team mit einem noch grösseren, blauweiss gestreiften Sonnenblumenkern eingetroffen. Nun sind beide Equipen eifrig am Zielhang tätig. Verstärkung kommt. An beiden Lasten wuchten nun je vier Tiere; aber es ist einfach zu steil; immer wieder kullert der begehrte Wintervorrat an den Rand des Sandwalls. Arme Sisyphi! Nun versuchen sie es noch einmal anders: Die eine Ameise zieht rückwärts am Kern, rudert wild mit den Beinen. Eine zweite zieht am Hinterleib der ersten; aber auch diese Aktion schlägt fehl. Mit der Zeit wird mir klar: Meine Mithilfe ist gefragt. Ich suche ein kleines Stäbchen und schiebe Kern und Ameisen auf die Höhe des Walls. Auf der anderen Seite geht es flugs hinunter zum Baueingang, und schnell sind Kern und Ameisen in der Höhlung verschwunden. Dasselbe mit dem zweiten Kern. Nun: „Vereint sind auch die Schwachen mächtig."

## Baumelf

In Cakili steht im Garten eines Teehauses eine 800-jährige Platane. Staunend, voll tiefer Ehrfurcht sehe ich dieses alte, grosse Leben, das es durch all die lange Zeit geschafft hat. Die Riesenkrone kräftig, das Laub gesund, der Baum innen hohl, dicke Rindenwülste, knorrige Auswüchse am breiten Stamm und den mächtigen Ästen. Ein Knorren hat die Form eines springenden Wals. Ein Jüngling mit vollkommenem, ebenmässigem Gesicht und Lachgrübchen blickt mich von der anderen Stammseite durch ein Rindenloch an. Er öffnet den Mund und lächelt.

## Dreiklang des Wesentlichen

Drei schottische Studenten – Eric, Simon, Rowan – überholen mich auf ihren schwer bepackten Drahteseln. Sie sind von Danzig nach Istanbul unterwegs – ihr zweitletzter Reisetag. Im Gegensatz zu meiner Reise hatten sie oft nasses, kühles Wetter, einmal fünf Regentage am Stück. Der Rotschopf Rowan spricht von den vielen Begegnungen auf ihrer Reise. Drei Fragen werden ihnen immer wieder gestellt: „Rauchst du? Trinkst du Alkohol? Bist du verheiratet?"

## Beflügelt

In Saray nehme ich mir viel vor – eine Etappe von 72 km, die längste der ganzen Reise; denn bis Çatalca ist keine Unterkunft zu erwarten. Ich ziehe früh los. In Gedanken habe ich immer die grosse Strecke vor mir, die ich bewältigen möchte. Ich repetiere mein ganzes Gedicht-Repertoire, singe alle Lieder, die mir vertraut sind. Sieben Stunden laufe ich, läuft es mich, ohne dass ich eine Rast brauche. Wenn es abwärts geht, falle ich in leichten Laufschritt. Es geht über niedere, mit Buschwerk bedeckte Hügel. Hie und da ragt ein markanter Fels aus dem Gebüsch. Es ist heute auch schön frisch. So komme ich erstaunlich schnell vorwärts.

## Gedichte

Ich erlebe Gedichte als Vollwertkost für die Seele. Seit dem 15. Lebensjahr lerne ich Gedichte auswendig. Viele meiner Vorbilder wurden umgebracht oder verbrachten lange Zeit im Gefängnis – unter anderen Dietrich Bonhoeffer, Mahatma Gandhi, Martin Luther King, Nelson Mandela, Sophie und Hans Scholl. So rechne ich schon früh damit, einmal eingesperrt zu werden. Im Gefängnis können sie mir alles wegnehmen – nur nicht das, was ich gelernt habe; so lege ich mir einen Gedichtvorrat an. Nun stehen mir etwa 250 Gedichte zur Verfügung, 60 davon von Rainer Maria Rilke. Die Gedichte, die ich als Jüngling gelernt habe, muss ich nicht repetieren; die sind fest gespeichert. Die andern muss ich einmal pro Jahr auffrischen. Immer kann ich auf diese Seelennahrung zurückgreifen; doch gilt es auch aufzupassen und nicht bei jeder passenden oder unpassenden Gelegenheit in Gesellschaft ein Gedicht zu rezitieren. Christian Morgenstern hat einmal bemerkt: „Rezitieren ist Eis für die Beziehung …"

## Feuermost

Eine Stabheuschrecke hockt graubraun, mit stengelartigem Körperbau vollkommen getarnt im Gras und Staub des Strassenrands.

In der Meinung, es sei Süssmost, kaufe ich in einem Laden eine grosse Flasche mit einer Apfeletikette. Als ich einen grossen ersten Schluck nehme, rinnt es mir feurig die Kehle hinunter – es ist Apfelessig. Ich verschenke die Flasche der nächsten Frau, der ich begegne. Gegen sieben Uhr – nach 13 Stunden Marsch – komme ich in Çatalca an, zwar müde, aber noch ganz gut in Form.

## La mer

28 km vor Istanbul erblicke ich zum ersten Mal den Bosporus. Meer zu sehen, ist immer ein Stück Ankommen, Heimkommen. „La mer" und „la mère" sind sich nah. Das Salzwasser, das hier flutet, umspült auch die Strände in Israel. Ich fühle mich meinem Ziel ein grosses Stück näher. Im Gedröhn und Abgasmief kämpfe ich mich auf dem Pannenstreifen einer Schnellstrasse näher und näher an Istanbul heran. Manchmal kommen mir Autos und Lastwagen bedrohlich nahe. Es ist schierer Horror. Endlich tauchen die dicke Stadtmauer und massige Wehrtürme mit gezackten Zinnen auf. Ich bin sehr erleichtert, als ich mich dem Zentrum nähere, die grosse Verkehrsader verlasse, auf Gehsteigen wandern kann.

Istanbul, 4. 9. 2003

Die 25 Kilometer durch die Stadtvororte kommen mir doppelt so weit vor. Der Gedanke an das Hilton Hotel, wo ich auch hier wieder günstig übernachten kann, an ein heisses Bad, an ein gutes Essen hilft mir, durchzuhalten.

## Klassische Hose

Da ich im Hilton nicht in meinen Turnhosen einlaufen will, kaufe ich mir unterwegs noch ein paar neue Hosen. Beim Ladenpersonal ernte ich einen Heiterkeitserfolg, als ich in Shorts, Sandalen, mit Rucksack und Fähnlein im schicken Modegeschäft einlaufe und nach einer klassischen Hose frage. Der junge Verkäufer im Untergeschoss, an den ich gewiesen werde, ist hoffnungslos überfordert; wegen der individuellen Beinlänge der Kunden sind alle Hosenbeine noch nicht umgeschlagen und vernäht – und ich verlange eine fertig genähte Hose! Er zieht andere Verkäufer bei. Einer davon interessiert sich für den Beweggrund meiner Reise. Als er erfährt, ich pilgere nach Jerusalem, kritisiert er empört dieses Reiseziel. Wie könne ich angesichts der politischen Lage Israel unterstützen. Ich erkläre ihm, für mich seien Juden, Christen, Muslime alle Geschwister der gleichen Familie. Die göttliche Kraft sei doch die gleiche für alle. Da entschuldigt er sich für seine eifernde Kritik.

Ich lese eine knitterfreie, elegante, graue Hose aus. Einer der Verkäufer begleitet mich damit in den Basar zu einer Schneider-Boutique, wo die Hose in kurzer Zeit fertig genäht wird. Eine braunhäutige Frau mit grossen, mandelförmigen Augen und weichen, geschmeidigen Bewegungen ist dort tätig, scheu, zurückhaltend. Sie taut etwas auf, als ich von meinen Erlebnissen in Ru-mänien erzähle. Sie sei ursprünglich Rumänin. Wieder allgemeine Heiterkeit, als ich kurzerhand meine Turnhosen ausziehe und in die Bügelfaltenhosen schlüpfe.

## Leylâ

Istanbul – genüssliches Erholen von den Strapazen der vergangenen Wochen und Zusammensein mit Leylâ. Esen Leylâ ist hier geboren und aufgewachsen. Vor der Reise hat sie mir in mehreren vierstündigen Suggestopädie-Lektionen Türkisch-Grundkenntnisse vermittelt. Jetzt zeigt sie mir die Stadt. Sie und ihre Freundinnen verwöhnen mich mit feiner türkischer Küche. Sie führt mich in die verschlungenen Gänge des Bazars. Wir verkleiden uns als Sultanin und Sultan. Mir setzt sie einen völlig schrägen, bunten, glänzenden, pompösen Turban auf. Wir lachen viel. Meine Imitation der Marktschreier, das laute, rhythmische „Bir million, bir million!" (eine Million, eine Million) und „On besch, on besch!" (15 Millionen, 15 Millionen!) wird zur einfachen Lachnummer.

## Egon

Zudem weckt Leylâ in mir eine weitere Kabarett-Nummer: Egon Lustenberger ist Schweizer, der zum ersten Mal mit einem Städteflug Istanbul besucht. Er kommentiert alles und jedes mit verkniffenem Mund aus seiner Schweizer Perspektive:

*„Füf Marroni für drü Millione – sone Uverschämtheit! Abzocker sinds! Ja nu, sie nämed s halt au vo de Läbige."* (Fünf Marroni für drei Millionen Lire. Solche Abzocker! Ja nun, sie nehmen es halt von den Lebendigen).

111

„Immer de Güsel – tschok güsel. Güsel hät's meh as gnueg, sie wüssed's scho; aber sie sie säged nur det 'Güzel', wos gar kän Güsel het, die Luuser." (Immer Abfall – tschok güsel! Abfall hat es mehr als genug; aber sie reden nur vom Abfall, wo es gar keinen hat, diese Witzbolde).

„Müschteri – so säged si de Tourischte, nai, nöd Müschterli, Müschteri!" (Müschteri – so nennen sie die Touristen, nein, nicht Müsterli, Müschteri.)

„Imene yhaimische Hotel han i gfröget, ob sie WC-Papier hönd. ‚Yok', het si gsait, das haisst: 'S het kais. So gruusig. Und dänn gänds aim wieder d Hand …" (In einem einheimischen Hotel habe ich gefragt, ob es WC-Papier habe. Das gebe es hier nicht. So unhygienisch. Und dann geben sie einem wieder die Hand.)

„Sone Schpinner – es halbs Jahr Schpaziere. Wänn das jede wött, wo chämte mer dänn hi!? Dä würd lieber öppis schaffe; dänn chämer nöd uf so blödi Idee." (So ein Spinner – ein halbes Jahr Spazierengehen. Wenn das alle wollten, wo kämen wir hin? Er würde lieber arbeiten. Dann käme er nicht auf so ausgefallene Ideen.)

„200 000 Lire fürs WC uf em Schiff – sone Frächhait. Das isch doch es Mänscherächt. Gaunerbandi!" (200 000 Lire für die WC-Benützung auf dem Schiff – so eine Frechheit. Das ist doch ein Menschenrecht. Gaunerbande.)

„Doch, also de Topkapi Serail, de muess me gseh ha. Die händ würggli nüt gschpart mit de Badzimmerplättli." (Doch, den Topkapi-Serail, den muss man gesehen haben. Da haben sie wirklich nicht gespart mit den Badezimmerkacheln).

„Ja, und dänn simmer z Aabig am Boschporus in es Reschtorant. Da hät's Tschumpi geh. Das isch en grosse Herdöpfel, wo sie e Hufe choge War dry schtopfed. Fain – und erscht no pryswärt." (Am Abend haben wir am Bos-

porus ein Restaurant besucht. Da gab es Tschumpi. Das ist eine grosse Kartoffel, in die sie verschiedene Zutaten hineinstopfen. Fein – und erst noch preiswert.)

„Muesch wahnsinnig ufpasse. I ha s Portemonne immer ghebet. Sicher isch sicher." (Man muss wahnsinnig aufpassen. Ich behalte stets die Hand am Geldbeutel. Sicher ist sicher.)

„Ja, und dänn simmer emal nach Schischli, go brätle. Doch, det in Schischli händs en faine Schaschlik gmacht. Doch, s Flaisch, da chasch nüt säge, dasch i dr Ornig." (Einmal fuhren wir nach Schischli, zum Barbecue. In Schischli gab's einen feinen Schaschlik. Also das Fleisch ist in Ordnung, da gibt es nichts zu mäkeln.)

„Wänn bym rote Hahne kais haisses Wasser chunnt, muesch aifach de blau usprobiere. Da chunnt's dänn schön warm; dasch mer würggli emal passiert im ene Hotel." (Wenn beim roten Wasserhahn kein heisses Wasser kommt, muss man es einfach beim blauen versuchen. Dort kommt es dann schön warm; ist mir wirklich in einem Hotel passiert.)

## Begegnungen im Hilton

Erholsam wird der Aufenthalt im Hilton Hotel, mit viel Ausschlafen, Briefeschreiben – zahlreiche Briefe aus der Schweiz warten hier auf mich, Turnen, Schwimmen, mit schönem Zimmer, mit Terrasse und Aussicht; beim reichhaltigen Frühstücks-Buffet kann ich genüsslich und in Ruhe die entleerten Speicher auffüllen und dabei interessante Menschen kennenlernen: Einen Flugkapitän der Delta-Airline, mit dem ich offen über die Klimaveränderungen diskutiere; einen bekannten türkischen Architekten, der in Deutschland lebt, grosse Bauten realisiert, daneben aber die türkische Regierung bei der Renovation alter Bausubstanz berät; ein Ehepaar aus Nordirland, denen ich später in Ankara wieder begegne. Er hat einen Beratungsvertrag mit „Ülker", einem grossen türkischen Unternehmen, das Gebäck und Süssigkeiten herstellt; die Hotelsauna, wo mir ein Masseur einmal mit einem rauen Schwamm die überschüssige Wanderhaut in Fetzen abraspelt; wo ich Jerôme treffe, einen sensiblen, jungen Mann aus Frankreich, der hier der türkischen Armee französische Kampfhelikopter verkauft; wo ich Hamdi kennenlerne, einen Innendekorateur, der aus Ürgüp in Kappadokien stammt. Wir sehen uns wiederholt, er spricht ein wenig Englisch, ich ein wenig Türkisch. Er gefällt mir, und einmal sehe ich, wie unter seinem Frottétuch etwas wächst, als er so entspannt daliegt.

## Onkel Pfadfinder

Leylâ lässt ihre Beziehungen zur türkischen Presse, Asla, eine Freundin von ihr, die Kontakte zum Fernsehen spielen. Die Zeitung „Hürriyet" und die beiden nationalen Fernsehsender „Star" und „Flash" machen Interviews mit mir. Beide Fernseh-Equipen strahlen poetische Sendungen über mein Anliegen und die Wanderung aus. „Stellen wir uns vor, wie Istanbul in 20 bis 30 Jahren sein wird, wenn die heutigen Benzinmotoren dem nachhaltigen Verkehr gewichen sind. Dann wird Istanbul wieder in seiner alten, märchenhaften Schönheit erblühen", beende ich das Interview.

Die Beiträge kommen in den Abendnachrichten zur Hauptsendezeit und werden von über 50 Millionen Menschen gesehen. Auf meiner weiteren Wanderung

wird dies immer wieder spürbar. In den Dörfern kommen Leute auf mich zu: „Ach, Sie sind der Arzt, der von der Schweiz nach Jerusalem läuft. Wir haben Sie am Fernsehen gesehen." Mehrmals halten Autofahrer auf offener Strecke und sprechen mich auf die Fernseh-Sendungen an. Viele sind interessiert an meinem Anliegen, stellen zusätzliche Fragen zu den Klimaveränderungen und zu den Massnahmen, die dagegen ergriffen werden sollten. Als ich für die Filmaufnahmen mein Fähnlein bei mir habe, ernte ich in der Stadt ganz verschiedene Reaktionen: Einer fragt Leylâ, als er mich mit der Fahne sieht: „Ist dieser Onkel ein Pfadfinder?" Ein anderer nimmt mir die Fahne aus der Hand und spielt theatralisch einen Fussball-Fan: „Galata – Saray! Galata – Saray!" (Bekannte türkische Fussball-Teams). Ein dritter entwindet mir die Fahne, hält sie hoch in die Luft und ruft feierlich den Frieden aus.

## III Zurück, zurück – bist du wahnsinnig?
Istanbul – Jerusalem:
29. 9. – 15. 12. 2003

## Schreiender Hundeschreck

Immer wieder rennen sie über die Felder auf mich zu, ihr Bellen mit angriffigem, Furcht erregendem Unterton: Die grossen, falben anatolischen Hirtenhunde, vor denen ich schon vor der Abreise gewarnt worden bin; aber Brunos Stock ist magisch, schützt mich zuverlässig: Strecke ich ihn aus, wagt sich keiner in meine Nähe. Kommen mehrere Hunde von verschiedenen Seiten, wehrt sie auf der einen Seite mein Stock, auf der anderen

Sultanbeyli, 29.9.2003

Seite meine Stimme ab. Schreie ich die Angreifer an, und zwar lauter als ihr Bellen, verlieren sie bald das Interesse an mir und suchen mit eingezogenem Schwanz das Weite. Ich muss dieses nicht gerade gewaltlose Mittel dosiert einsetzen; denn ich verliere dabei meine Stimme; und die Hirten und Dorfbewohner halten den „Du Sauhund" schreienden Wanderer mit seinem Sonnenrucksack und Fähnchen für einen Irren. Auch merke ich bald: Wenn ich ruhig und angstfrei mit den Hunden rede, entspannt sich die Situation schnell; und bleibt dann auch entspannt. Trotzdem: Der Stock kommt immer mit – für alle Fälle.

## Brunos Wanderstock

Gandwald in Elm. „Warte einen Augenblick!" Bruno Manser verschwindet im Gebüsch. Bald kommt er mit einem langen, geraden, kräftigen Haselstock, den er soeben geschnitten hat. Er rundet mit seinem scharfen Messer die Schnittkanten ab. Dann verziert er den Wanderstab in wenigen Minuten. Er schnitzt einfache, schöne Ornamente in die Rinde. „Da, für dich!", streckt er mir sein Werk hin.

Dieser Stock begleitet mich auf meinen weiten Wanderungen. Wozu er nicht alles dient! Er macht mir mit seinem Klopfen Marschmusik und gibt mir den Rhythmus an. Er hält mir die Hunde vom Leib. Sie sehen in ihm – wie die Raubtiere im Zirkus in der Dompteurpeitsche – einen verlängerten Arm und kommen nie näher. Er dient mir als drittes Bein, wenn es gilt, einer Pfütze auszuweichen oder einen Bach zu durchqueren. Ich kann mit ihm Brennnessel-Stauden von den nackten Waden fernhalten. In bescheidenen Unterkünften ohne

Mobiliar benütze ich ihn als Kleiderständer; oder ich lege ihn auf zwei Stühle und hänge nasse Wäsche daran auf. Er eignet sich bestens, reife Früchte vom Baum zu holen. Wenn mein 12 kg schwerer Rucksack gegen Abend doppelt so schwer scheint, fasse ich den Stock mit beiden Händen und hebe damit den Rucksack an. So entlaste ich meine Schultern. Als Teil meines Wimpels winke ich mit ihm den Menschen zu, denen ich auf der Strasse begegne. Auch kann ich mit dem Fähnlein Mücken- und Fliegenschwärme wegscheuchen. An der Fahne kann ich auch gut die Windrichtung erkennen. Ich wähle dann die Strassenseite, von der mir der Wind die Abgase wegbläst. Und vor allem: Er erinnert mich unterwegs an meinen Freund Bruno und seine Gegenwart.

Bruno zeigt mir einmal, wie ich den Stock schleifen kann, wenn er an der unteren Spitze ausfasert: Schräg über den Asphalt ziehen und dabei langsam drehen. Bald brauche ich eine Metallkappe; denn der lange Stock ist auf meinen bisher 15 000 km zu Fuss bereits um etliches kürzer geworden …

## Ohne Ballast

Nun bin ich bereits über zwei Monate unterwegs – mit einem Rucksack von 12 kg. Und ein bis zwei Kilo Nahrungsmitteln im Bauch, die ich mir am reichlichen Frühstücks-Buffet des Hotel Asya einverleibe. Mir wird bewusst, wie wenig ich zum Leben brauche. In der Schweiz steht noch so viel Gepäck herum: Häuser, Tonnen von Möbeln, Bücher, aufbewahrte Papiere. Hier in Izmit geht mir die Zahnseide aus. So kaufe ich in einer Apotheke neue Zahnseide, am grossen Boulevard mit der Doppelreihe von mächtigen, dicken, hohen Palmen. Diese Zahnseide brauche ich; aber brauche ich Häuser, Möbel, Bücher? Werde ich mich von einigem Ballast trennen müssen, können, dürfen?

## Wie weit noch?

Vor Sakarya dehnt sich die Tagesetappe noch 25 km in die Nacht hinein. Ich empfinde die Strecke als endlos; auch wegen der widersprüchlichen Angaben, die ich bekomme. „Kaç kilometer Sakaryaya?", (Wie viele Kilometer nach Sakarya?) frage ich einen Bauer bei seinem Hof. „Yirmi – 20." Nach einer Stunde frage ich den nächsten. „Yirmi besch – 25." Trotzdem komme ich immer näher zur Stadt. Die Strassen werden breiter, die Besiedlung nimmt zu. Ich frage wieder einmal. „Üc!" Noch drei Kilometer also! Nach einer halben Stunde frage ich wieder. „Dört!" meint eine Frau, vier Kilometer. Nach einer weiteren Viertelstunde kommt die Auskunft in einem Laden: „Dört – besch – vier bis fünf Kilometer!" Dann frage ich nicht mehr. Wie froh bin ich, als ich dann nach eineinhalb Stunden erschöpft ankomme und im Hotel Baltürk unterkomme, in einem Zimmer mit gelb gemalten Wänden und himmelblauer Decke mit Sternen.

## Ilhan

Am Morgen suche ich ein Internet-Café. Ich finde eines, es ist jedoch geschlossen. Ich frage Passanten, ob es noch andere gebe. Ein etwa 10-jähriges Mädchen hört dies: „Ich führe Sie zu einem Internet-Café." Es geht mir voraus, um die Ecke, und schon stehen wir vor einem grossen Fenster, dahinter Tische mit Monitoren. Eine Tafel

meldet „açik" (offen). Es hat noch keine anderen Kunden; doch Ilhan ist da und begrüsst mich. Ich versuche, meine „Mailbox" zu öffnen. Es dauert lange. Ich frage Ilhan, ob er mir helfen kann. Ich mache ihm Platz, sehe ihn von schräg hinten: Sein kräftiges, tiefschwarz-glänzendes Haar, lange, schön geschwungene Wimpern, breite Schultern. Es sei alles in Ordnung, lacht er mich mit warmen Augen unter dicken Augenbrauen an. Es dauere bei seinen Computern einfach etwas länger. Ob er mir einen Tee anbieten dürfe? Er schenkt Tee ins Glas ein, setzt sich neben mich, berührt auf selbstverständliche, natürliche Art meine blossen Knie und Oberschenkel. Wir tauschen Adressen, Telefonnummern aus. Wir winken uns noch, als ich um elf Uhr weiterziehe.

Als ich auf kleiner Strasse in der Ebene nach Osten ziehe, tauchen aus dem Dunst plötzlich Berge auf, blau, leicht umwölkt, geheimnisvoll. Im ersten Dorf, Budaklar, ist gerade Schulpause. Sofort bin ich von Schülerinnen und Schülern umringt. Sie hängen sich mir wie eine grosse Traube an die Fersen. Als mich die Schulglocke von ihnen befreit, übernimmt ein Rudel Hunde die Begleitung. Erst als das Dorf ausser Sicht gerät, lassen sie wieder von mir ab und trudeln heimzu.

Ilhan geht mir nicht aus dem Sinn. Mit ihm möchte ich meinen morgigen Geburtstag feiern. Ich rufe ihn an: Ich käme am Abend in den Thermalbädern von Kuzuluk an und möchte den Geburtstag dort verbringen. Ob er frei habe und mir Gesellschaft leisten wolle? Er kläre es ab und rufe mir zurück. Bald ruft er an: Er käme gern heute Nacht nach der Arbeit nach Kuzuluk.

## Durchbruch

Ein grosser Mückenschwarm tanzt im Gegenlicht. Tausende von Tieren bilden einen grossen Organismus, den eine unsichtbare Kraft zusammenhält, alle in Bewegung, wie Atome eines Riesenmoleküls, ohne Kollisionen – „niedere" Tiere? Was für ein Zusammenwirken!

Jede Sonnenkollektor-Anlage – und sie werden immer häufiger – freut mich. Während ich jedes Auto, jeden Lastwagen als Teil der schleichenden Vergiftung unseres kostbaren, empfindlichen Lebenssystems empfinde, ist für mich jede Solaranlage ein Hoffnungsstrahl. Da nehmen Menschen auf stille Art Kontakt mit unserem zentralen Gestirn auf, lassen damit ihr Wasser erwärmen oder Strom erzeugen, still, ohne Lärm, ohne Verschleiss, ohne Abgase. Sie zeigen Verbundensein mit kosmischen Kräften, diese rechteckigen Flächen auf den Ziegeldächern, die dem Himmel zugewandt sind. Sie erinnern daran: Es gibt eine übergeordnete Kraft, der wir uns anvertrauen dürfen, die uns, unser Handeln aber auch braucht, die wir mit unserem menschlichen Geist nicht in den Griff bekommen können. Immer wieder, täglich wird mir unterwegs bewusst: In dieser Zeit wird es sich entscheiden: Gelingt es uns Menschen, uns bescheiden in die das Lebenssystem Erde erhaltenden, natürlichen Kreisläufe einzufügen oder schüttelt uns die Erde ab? Wählen wir den Weg zum Zusammenbruch oder zum Durchbruch?

## Traum Schweiz

Eine grosse Mondsichel steht über den sich langsam herbstlich einfärbenden Waldhügeln. Im Silberlicht schlendere ich ins Dorfzentrum, um Wasser zu kaufen. Im Laden hängt ein grosses Schweizer Landschaftsbild, Wald und Berge im Berner Oberland. Stolz zeigt mir der Ladenbesitzer auch seine Swatch-Uhr. Eine Schweizer Reise gehört zu seinen Lebenszielen. Er lädt mich zum Tee ein. So sitzen wir zusammen und träumen beide von der Schweiz, der eine mit Fern-, der andere mit Heimweh.

## Wasser? Kein Problem!

Vor der Reise stelle ich mir vor: Anatolien trocken, ganze Tage ohne Wasser. Jetzt wandere ich durch diese „Dürre": Muntere, klare Bäche, gesäumt von hohen glänzend-grünen Pappeln; an den Hängen Föhrenwälder und Buschwald; immer wieder plätschern Brunnen mit reinem, erfrischendem Quellwasser – die Sonne zeichnet ein waberndes Lichtgitter auf den Brunnengrund; immer wieder keck schwänzelnde Bachstelzen, die dem Wanderer Gesellschaft leisten; zahlreiche Dörfer mit Läden, wo ich jederzeit Mineralwasser kaufen kann.

## Gehen? Kein Problem!

Das Gehen ist mühelos – optimale Temperatur, immer ein kühlendes Windchen, ausser einer Polizeistreife, die mir Mitfahrgelegenheit anbietet und die ich in Mudurnu wiedersehe, einem Traktorfahrer und einem Bauern, der seine Schubkarre eine Pappelallee entlangschiebt, kaum Verkehr. Die Farben vertiefen sich: Der Himmel ist tiefer blau. Die Espen leuchten golden. In einer ockergrauen Geröllhalde stehen drei Büsche in einer Reihe

Nach Nallıhan, 8. 10. 2003

nebeneinander: Ein purpurroter in der Mitte, links ein braunroter, rechts ein grünroter. Die Äpfel in den Obstgärten leuchten rot und gelb. Immer wieder lese ich Fallobst auf, schneide die faulen Stellen aus den Früchten heraus und esse: Die einen Äpfel sind süss, die anderen sauer, die dritten süss-sauer – die habe ich am liebsten.

## Übernachten? Kein Problem!

Eine blaue Distanztafel vor Mudurnu meldet: „Ankara 215 km" – schon liegt fast die Hälfte der Strecke Istanbul – Ankara hinter mir. In Mudurnu finde ich ein neues Hotel. Es ist im traditionellen Stil gebaut und eingerichtet. Der Concierge mit breitem, sympathischem Mongolengesicht stammt aus dem Kaukasus. Er spricht gut Englisch. Nach dem Essen legt er mir ein Schreiben zur Unterschrift vor. Es beschreibt meine Wanderung. Der Text hält auch fest, ich habe im Hause übernachtet. Es habe mir gut gefallen. Die Urkunde käme ins Archiv des Hotels.

In Mudurnu hat es noch viele alte Häuser, selten aus Holz, häufiger aus geweisseltem Mauerwerk mit dunklen, hölzernen Fenster- und Türrahmen, Balkonen, Erkern und Ziegeldächern, zum Teil mit alten Rundziegeln. Die weissen Vorhänge sind kunstvoll bestickt. Eine Seitengasse erinnert mich an eine Idylle im Tessiner Dorf – es hat Moos und Gräser zwischen den Pflastersteinen. Zwei Männer und zwei Frauen stehen zusammen und plaudern.

## Etsiz

Nallıhan. „Bendensin" (geht auf meine Kappe – wörtlich: Du von mir): Isan lädt mich in seinem kleinen Restaurant zu Suppe, weissen Bohnen, Reis und zum Dessert Sütlaç (sehr süsser Milchreis) ein. An der Wand hängen eine Landkarte der Türkei, Fotos von Jägern und Hunden und über allem ein grosses, knallig-buntes Bild von einem Wasserfall, auf dem sich Gischt und Wasserfluten bewegen. Ich filme Isan hinter seinen Töpfen. „Ne etsiz?", (In welchen Gerichten hat es kein Fleisch) frage ich. Er rührt in der Dschorba, der würzigen Joghurt-Suppe: „Martins Dschorba etsiz!" Dann taucht er die Kelle in die weissen Bohnen an Tomatensauce: „Martins fasulya etsiz!" (Bohnen ohne Fleisch!) Er häuft Reis in eine Kelle: „Martins pilaf etsiz!" Er hebt seinen Daumen und strahlt über das ganze Gesicht: „Martins wonderful!", kommentiert er meine Reise zum Schluss.

## Wilder Westen

Frühe Tagwache: 60 km von Nallıhan bis Beypazarı. Um 6 Uhr ziehe ich in die Dunkelheit hinein los. So liesse sich auch durch Arizona, Nevada, durch die Wüste beim Grand Canyon, bei Zabriskie Point wandern: Eine kaum befahrene Strasse, ockerbraune, rot gebänderte, graugrüne Tafelberge mit steil abfallenden Felswänden und schrägen, geraden Erosionshalden hinter weiten, abgeernteten Getreidefeldern und ein grosser Himmel. Die Strasse ist mit dem Lineal in die Landschaft gelegt, zerschneidet eine weite Ebene, bevor sie sich wieder durch einen Bergzug windet. Ein markanter Felssporn mit um-

Ankara, 14. 10. 2003

gebender Schuttpyramide setzt einen Akzent in die weite Fläche.

## Zu hell

Schritt für Schritt tragen mich die Füsse durch diese weiten Räume. Wieder empfinde ich stark die Krümmung der Erde, grosse Heimat. Was vor einer Stunde war, versinkt, verschwindet, was in einer Stunde ist, versteckt sich noch im Horizontdunst; bis der Horizont sich enthüllt, sichtbar und dann durchschritten wird; der Körper wird unendlich klein, das Herz unendlich weit in dieser riesigen Landschaft. Diese Landschaft kommt mir seltsam vertraut vor, ich weiss nicht, woher, von welchem Leben, welcher vielleicht vorgeburtlichen Erinnerung, vertraut und doch so fremd, als sei ich auf einem anderen Planeten, Mond, ja gar Mars. 1979, auf einem Rückflug von Bali, bin ich über das verschneite Anatolien geflogen – die Berge weiss, glänzend, unwirtlich, abweisend; und jetzt laufe ich durch diese Landschaft hindurch. Absolute Stille, und doch ein symphonisches Brausen von Licht und Farben, als die Sonne hinter den fernen Bergen aufgeht, durch die erdnahe Wolkendecke durchbricht, stumme Brucknersymphonie, der einzige Beckeneinsatz in der Siebten, wenn nach langsam verdichtender Spannung das blendende Gold aufblitzt, vor dem wir bescheiden die Augen abwenden müssen, zu hell, zu grossartig, zu versengend für die schwache Netzhaut.

## Er sieht mit

Ja, Mondlandschaft. Ich kann mich nicht satt sehen an den warm-roten, blaugrünen, geschichteten, kunstvoll erodierten Gesteinsrücken – versteinerte Dinosaurier, Riesenkamele, deren Köpfe der Wind und die Zeit abgetragen haben. Ich spüre stark meinen Vater in mir, den Geografen und Geologen, der 1979 fast 90-jährig gestorben ist.

Es ist, als wäre er hier ganz gegenwärtig. Wir finden uns im Staunen – bei ihm kommt noch viel Wissen dazu. Er würde all diese Wunder mit noch ganz anderen Augen sehen. „Wenn ich sterbe, wird so viel Wissen mit mir wegsterben", hat er einmal bedauernd gesagt. Auf alle Fälle höre ich ihn immer wieder sein begeistertes „Fantastisch" rufen.

## Ausgesetzt

Als ich die Stadt Beypazarı verlasse, dräut der Himmel schwarz, am Horizont bedrohlich schwarzgelb. Starke Sturmböen blasen mir ins Gesicht. Soll ich zurück, in Beypazarı das drohende Gewitter abwarten? Es drängt mich vorwärts. Ich möchte die beiden Tagesetappen nach Ankara hinter mich bringen. Ich vertraue auf meinen Schirm. Die Strasse führt durch völlig öde Landschaft – kein Baum mehr, kein Haus. Der Sturmwind nimmt an Stärke zu. Es beginnt zu blitzen. Immer näher, rings um mich herum – in kurzen Abständen Blitze, auf allen Seiten. Donner knallt und peitscht. Erste dicke Regentropfen zerschellen auf Asphalt und Haut. Etwas gibt mir zu denken: Ich und mein Schirm sind die einzigen Blitzableiter in dieser Wüstenlandschaft. Dennoch spanne ich ihn auf. Immer wieder reisst ihn der Wind hoch, stülpt ihn um. Nun brechen die Wassermassen auf mich ein, wie aus Kübeln. Innert Sekunden bin ich völlig durchnässt.

Ankara im Morgendunst, 16. 10. 2003

Ich ergebe mich, klappe den Schirm zu, verlasse die Strasse und kauere mich gegen einen grösseren Felsbrocken. Tiefe Trauer überkommt mich. Meine Tränen mischen sich mit den Rinnsalen, die aus den Haaren über mein Gesicht fliessen. Ich fühle mich ausgesetzt, verlassen wie noch selten im Leben. Ich schliesse die Augen und spüre in der Trauer die tiefe Verbundenheit mit geliebten Menschen, mit meiner kürzlich gestorbenen Mutter, mit meinem toten Vater, mit Rut Keiser, die ich so gern gehabt habe, dass ihr Unfalltod mich als Zwanzigjährigen tief erschüttert, mit dem verschollenen Freund Bruno, aber auch mit der von uns Menschen derart geschundenen Erde, Trauer auch über all meine Unzulänglichkeiten, über Versäumnisse, wo ich hilfsbedürftigen Menschen und vielfältigen Anforderungen nicht gerecht werde.

## Versöhnt

Doch plötzlich senkt sich tiefer Friede über mich. Ich empfinde die Verbindung zum Fels, neben dem ich kauere, als Vereinigung mit der Mutter Erde, die Wassermassen, die sich über mich ergiessen, als Verbindung zum Himmel. Ich fühle mich versöhnt mit dem Tod. Ich könnte einen Blitz, der mich mit diesen Menschen zusammenbringt, als Zeichen des Verbundenseins annehmen. Es könnte der „καιρόσ", die rechte Zeit sein. Im Gebet übergebe ich mein Leben der göttlichen Kraft.

## Gerettet

Doch ist es noch nicht Zeit: Nach einer Weile spüre ich, wie der Regen nachlässt. Ich höre lautes Rauschen in meiner Nähe und fühle, wie mich wohlige Wärme einhüllt. Ich öffne die Augen: Unmittelbar neben mir rauschen ockertrübe Wassermassen vorbei – ein reissender Wüstenbach ist entstanden. Die Wärme – Sonnenlicht, das bereits wieder durch das dicke Gewölk durchbricht, mich tröstend umfängt, mich wieder im Leben willkommen heisst. Ich bin überwältigt, heule erneut, diesmal vor Freude und Dankbarkeit, für geschenktes Leben, für die Rettung.

## Bendensin

Noch mehr Rettung: Ein Auto hält an. Zwei Polizisten rennen auf mich zu. „Are you OK?" Einer hilft mir auf die Beine, einer nimmt den nass-schweren Rucksack. Willenlos lasse ich mich zum Auto führen, einem als Zivilfahrzeug getarnten Radarwagen. Sie breiten einige Kartons auf dem Rücksitz aus, platzieren meinen triefenden Rucksack und fordern mich auf, Platz zu nehmen. Hinter einer Strassenbiegung erscheint nach einigen hundert Metern eine Tankstelle, wo ich mich wärmen, meine Sachen trocknen, den zerfetzten Schirm flicken kann. „Bendensin", lädt mich der Tankstellenwart zum Tee ein, giesst immer wieder nach; und nach einer halben Stunde setze ich die Wanderung fort, über der Strasse ein blaues Himmelsband zwischen zwei düsteren Gewitterfronten, das mich den ganzen Tag beschützt und immer wieder das Sonnenlicht durchlässt. So sind nach einigen Stunden auch Gepäck und Kleider wieder trocken.

Bei Gölbaşi, 19. 10. 2003

## Der Himmel brennt

Als Abschluss dieses intensiven Tages leuchtet ein unbeschreiblich farbenreicher Abendhimmel. Goldgelb, purpurrot, lila leuchtende Wolkenwülste, Wolkenpaläste, türkisblau grüne Himmelsschlitze – stummes, grossartiges Brennen.

## Hanns Studer in Ankara

In Ankara mache ich mich auf die Suche nach dem Kunstmuseum. Es ist wegen Renovation geschlossen. Im Sous-Sol befindet sich jedoch die erste internationale Ex-Libris-Ausstellung, eine Wettbewerbsausstellung mit künstlerisch gestalteten Buchzetteln. Was für eine freudige Überraschung, als ich drei Holzschnitte meines Schwagers, des Basler Glasmalers und Holzschnittmeisters Hanns Studer entdecke. Darunter steht: „Hanns Studer, Germany" – Vorahnung: Ein paar Jahre später zieht der nun 90-jährige Künstler mit seiner Frau Kili aus dem Elsass auf die Ostseeinsel Rügen.

## Wer weiss?

Ali Dogan, ein junger Mann mit tiefroten Kirschenlippen, schwarzem Haar und angedeuteten Schlitzaugen lebt in Engelshausen, Deutschland. Er ist auch dort geboren. Wir kommen ins Gespräch. Er arbeitet als Verfahrensmechaniker und stellt bei der Firma Krupp Drähte her. Nebenbei handelt er mit Autos. Seine Eltern und Schwester wohnen in Ankara. So verbringt er seine Ferien hier. Ich frage ihn, was er hier anders antreffe als in Deutschland. „Andere Leute, verschiedene Temperamente, unterschiedliches Essen. Hier kann man nachts ausgehen und immer noch etwas erleben, nicht wie in Deutschland." Was ihm denn in Deutschland gefalle? „Dass man sich alles leisten kann – teure Autos, Motorräder, was hier nicht gang und gäbe ist. Und auch die Strassen in Deutschland – die sind sauber. Der Verkehr ist geordnet." Er lacht: „Pro und Contra! Vor- und Nachteile, beiderseits!" Der Missionar drückt bei mir durch: „Sind die Klimaveränderungen bisher für dich ein Thema gewesen?" „Nein, bis jetzt nicht." „Ab heute vielleicht?", kann ich mir nicht verkneifen. „Wer weiss?", lächelt er.

## Knie geheilt

Am Bodensee und kurz vor Ankara flackern Schmerzen im rechten Knie auf, das Knie, das in den Jahren zuvor immer wieder einmal schmerzhaft angeschwollen ist. Beim Aufbruch zur letzten grossen Etappe vor Jerusalem spüre ich dankbar: Das rechte Knie ist wieder schmerzfrei, spannt nicht mehr. Seither habe ich keine Probleme mehr mit dem Knie. Die regelmässige, massvolle Belastung der Weitwanderung hat es geheilt.

## Doch einmal auf dem Hochzeits-Kanapee

Nach acht Tagen Ankara ziehe ich weiter. Ein Vierziger spricht mich an, breites, lachendes, sympathisches Gesicht, volles, grau meliertes Haar. Er habe mich im Fernsehen gesehen. Er wünsche mir gute Reise. Zehn Minuten später erwartet er mich vor seinem Foto-Studio, holt mich herein. An grossformatigen Fotos von makellos retouchierten Brautpaaren vorbei steigen wir ein Trepp-

Vor Batâ, 20. 10. 2003

chen hoch. Im abgedunkelten Aufnahmeraum setzen wir uns auf eine einlehnige Empire-Liege, wo sonst Jubilare und Hochzeitspaare posieren. Izzet Öçal und ich werden feierlich abgelichtet. Anschliessend lädt er mich ins benachbarte Restaurant zu einem grossen Orangensaft ein. Derweil warten im Laden schon die nächste Braut in weissen Rüschen und ihr ernster Bräutigam im schwarzen Kleid auf die nächste Foto-Session.

## Vom Acker ins Teeglas

Bei einer Sammelstelle für Zuckerrüben fahren aus allen Himmelsrichtungen Bauern mit Traktoren und Anhängern voller Rüben heran. Sie schichten die Rüben zu einem grossen Haufen auf. Später werden sie auf andere Camions verladen und in die Zuckerfabrik bei Ankara verfrachtet. Dort werden die kleinen Zuckerwürfel hergestellt, die die Türken tonnenweise in ihren Tee einrühren und dabei mit den Silberlöffelchen am kleinen, leicht gebauchten Teeglas klingeln. Steht der Teelöffel im Glas, so heißt das: Nachfüllen. Wenn der Löffel auf dem Glasrand ruht, bedeutet dies: Genug! Wobei auch dieses klare Signal nicht immer respektiert wird …

## Dorfsprechstunde

Fahti, ein stiller, hübscher Junge von 14 Jahren, schenkt mir auf der Strasse eine Gemüsepirogе. Als ich weiterziehe, rennt er mir nach und lädt mich zum Essen ein. Wir verlassen die Strasse, gehen durchs Dorf zu einem kleinen Haus, in dessen Hof wir uns auf Matten lagern. Da thront der Grossvater. Nach und nach stossen vier Frauen, später noch einige Kinder dazu. Als sie meinen Beruf erfahren, beginnt die Dorfsprechstunde. Der Grossvater fragt um Rat wegen seiner Augenprobleme, eine Frau erhofft sich eine Behandlungsmöglichkeit für ihre Schuppenflechte. Eine Mutter bringt ihre Tochter, die unter einer schweren seelischen Krankheit leidet. Zu Beginn schreit sie und fuchtelt in der Luft herum; bald wird sie aber ganz ruhig. Ich höre zu und berate sie, so gut ich kann. Fahti möchte Lehrer werden.

## Prüde Sitten

Auch in einem Kebab-Restaurant in Kırşehir kommt es zu einer Krankenvisite. Einige Gäste erkennen mich wieder vom Fernsehen. Da sie sich an meinen Beruf erinnern, fragt einer mich um ärztlichen Rat für seine Beschwerden, die von einem schlecht mobilisierten Zeigefinger-Mittelgelenk nach Sehnenriss ausgehen. Ganz bestimmt empfehle ich ihm warme Meersalzwasser-Bäder morgens und abends mit Bewegungen bis zur Schmerzgrenze. Er ist es zufrieden. Ich wohne in einem Thermalbad-Hotel. Das Badekleid wird hinter grossen Boxenwänden im Vorzimmer des Schwimmbeckens angezogen. Man sieht nur die Köpfe der Badenden aus diesen Boxen herausgucken. Auf höchste Sittlichkeit wird geachtet.

## Gedenkbach

Bei Mucur rollt ein langer Wagen-Konvoi heran, zuvorderst schwarze, beflaggte Limousinen, dahinter ein langer Zug von Begleitfahrzeugen. Die Polizisten salutieren. Bald stosse ich auf die Festgemeinde: Ein Park, eine neue Wasseranlage – ein künstlich angelegter Bach, der

Blick gegen Avanos und Çavuşın, 27. 10. 2003

einen Hügel hinunterplätschert – werden eingeweiht, im Gedenken an zwei Piloten aus Mucur, die 1958 verunfallt sind. Der Präsident des türkischen Verfassungsgerichts, Mustafa Bumi, ist zu dieser offiziellen Einweihungsfeier angereist. Ein Mädchen hält ihm ein Tablett mit Scheren hin. Er schneidet das rote Band durch und enthüllt die Gedenktafel. Honoratioren in Schale, roten Krawatten, Body-Guards in blauen Steppjacken, hohe Stirnen, graue Schläfen, goldbetresste, steife Uniformmützen, Generalsterne, Mikrofone, Fernseh-Kameras, Handy-Klingeln, wehende Türkenflaggen – im Schatten eines aufgebockten Kampfflugzeugs.

### Die 99 Namen Allahs

Ferhat Keser steht neben mir. Er ist Lehrer, frommer Muslim, erklärt mir die Vorgänge auf Deutsch. Nachher nimmt er mich zu einem Stadtrundgang mit. Im Zentrum wogt ein frohes Volksfest um die neue Wasseranlage herum – Lautsprechermusik, viele Kinder tanzen, schwenken Papierschlangen, Ausgelassenheit, lachende Augen. Der Strassenspritzwagen duscht Kinder wie im Bilderbuch „König Babar". Ferhat nimmt mich in die Moschee mit. Er leitet mich zur traditionellen Waschung an und zeigt mir den zeremoniellen Gebetsablauf. Zum Abschied schenkt er mir eine Tonbandkassette. Darauf werden alle 99 Namen Allahs besungen.

### Flirt mit Mutter Erde

Bei strömendem Regen breche ich am frühen Morgen von Hacıbektaş auf. Zehn Minuten später hört es auf, zu regnen. Die Wolken fliehen den hellblauen Himmel. Die warme Sonne trocknet die dampfende Strasse. Sie führt mich wieder durch weite Ebenen, an Hügeln vorbei, bis ins Kızılırmak-Tal.

Die Beziehung zu unserer wunderbaren Erdkugel wird immer inniger. Am Rand einer weit überschaubaren Ebene stehe ich, nehme sie mit allem auf, mit den Feldern, Äckern, den Einzelbäumen und Baumreihen, den Herden, den Dörfern, die sich grün mit weissen, dünnen Minaretten an den Hang schmiegen; und dann in die Ebene eingehen, Teil von ihr werden, sie durchmessen, sie mit Fußsohlen, Haut, Nase, Ohren, Augen spüren, wahrnehmen; erfahren, wie diese alles nährende, alles bergende Kugel trägt. Den nächsten Hügelzug erklimmen, nochmals zurückschauen, dankbar Abschied nehmen und sich der nächsten Ebene zuwenden. Erfüllende Liebesbegegnungen mit unserer Mutter Erde.

### Statt ins Altersheim

Ein grosser Camper hält weit vor mir. Als ich aufgeschlossen habe, wartet Pam, braun gebrannt, weissblondes, langes Haar: „Hi, I am Pam, aus England. Ist es möglich, dass wir dich vor ein paar Wochen nördlich von Istanbul irgendwo gesehen haben? Der Mann mit dem Fähnlein und dem schnellen Schritt!" Sie laden mich in ihre Wohnkabine ein. Da sitzt Keith, ihr Mann, und eine vor Freude strahlende, 92-jährige Frau im rosa Strickjäckchen, mit Brille, das Gesicht eine reiche Fältchen-Landschaft, die grauen Haare unternehmungslustig zerzaust. „Das ist meine Schwiegermutter. Es ging darum, ob sie in ein Altersheim zieht. Da haben wir diesen Camper gekauft, um mit ihr Europa abzuklopfen." Skandinavien, Litauen, Polen haben sie schon hinter

Akköy, 29. 10. 2003

sich. „Sonst sind wir unter dem Motto ‚Cycling Around the World with the Lord' mit dem Fahrrad unterwegs." Sie haben innert 7 1/2 Jahren bereits 39 Länder mit den Rädern durchquert, 20 weitere mit zusätzlichen Verkehrsmitteln – Irak, Iran, China, Syrien, Jordanien, Israel und viele andere mehr. Sie bieten mir Pfirsichsaft und Biskuits an und erzählen einige abenteuerliche Geschichten, die sie bei Grenzübergängen erlebt haben. „Wenn wir uns auf der Erde nicht mehr sehen sollten, auf Wiedersehen im Himmel!", ruft Pam mir nach. „Ja, spätestens dort. Ich freue mich darauf!", rufe ich zurück.

## Weltwunder

Kappadokien. Morgenspaziergang von einem Dutzend Kilometer, im Herzen der märchenhaften, bizarren Weltwunderlandschaft um Göreme. Ringsum die kegelförmigen, zackigen Tuff-Felsen. Saurierrücken, Riesenpilzgärten, Trulli, afrikanische Rundhütten, Mond-Exklave, Erdgedörn; Haifischzähne, Felsennadeln, Reich der Zipfelmützen, Riesenzwerge, Kliffe, Klüfte, Buckel, Spitzen, Riffe, Täler, Steingesässe. Zeitlosigkeit, wie es sie für so einen verzauberten Ort braucht. In einer Strassenpfütze rollt die Sonne durch wassergekräuseltes Gewölk.

## Ramadan-Besuch

Zwei Tage lang klettere ich staunend in den Höhlenkirchen um Göreme herum. Dann ziehe ich weiter nach Ürgüp. In einem Restaurant in Sakarya habe ich von einem Koch eine Visitenkarte und einen Gruss für seinen Bruder mitgenommen. Dieser sei in Ürgüp in der Polizeikaserne stationiert. Ich treffe ihn, und wir sitzen eine Weile etwas verlegen schweigend in einem Besucherraum der nüchternen Kaserne. Ramadan, die Fastenzeit, hat einen Tag zuvor begonnen. So können wir nicht einmal in einem heissen Teeglas rühren.

## Wintereinbruch

Am Morgen ist es erstaunlich hell im Zimmer, als ich aufwache. Draussen ist alles weiss. Der Winter hat Einzug gehalten. Ein ungewohnter Anblick, der reichlich Früchte tragende Orangenbaum unter der Schneelast! Ich überlege, ob ich einen Ruhetag einschalten und das Tauen des Schnees abwarten oder ob ich gute Schuhe kaufen soll. Ich entscheide mich für letzteres. Im Zentrum kaufe ich hohe Schaftschuhe und breche auf. Nach einer halben Stunde schon beginnen höllische Schmerzen im Mittelfuss. Meine Füsse sind das Tragen von Schuhen nicht mehr gewohnt. Ich muss sie wieder gegen die Sandalen austauschen.

## Akköy – Mauerschwalbendorf

In vollen Zügen geniesse ich die Wanderung über einen Pass durch die Schneelandschaft, zumeist im gleissenden Sonnenschein. Die Temperatur ist um 0 °C. Ich komme durch ein paar verträumte Dörfer, darunter Akköy: Kleine verschachtelte Häuser, alle aus einheimischem, ockerfarbigem Gestein. Da stört kein einziger hässlicher Bau. Mit den zahlreichen Fensterlöchern sieht das Dorf wie eine Mauerschwalbensiedlung aus. Über dem Dorf sind auch Höhlensiedlungen in ein breites Tuffsteinband eingegraben.

## Scho fascht …

In Karacaören spricht mich Osman auf Schweizerdeutsch an. Frisches, fröhliches Gesicht mit kräftiger Nase und grauem Schnurrbart, dunkle Zipfelkappe auf den silbergrauen Haaren. Er hat elf Jahre lang in Wetzikon, Zürcher Oberland, im Strassenbau gearbeitet. „Jetzt alt, nicht mehr bauen, scho fascht gschtorbe", (schon fast gestorben) lacht er.

Gegen die Topuz Dağı-Passhöhe (1535 m ü. M.) zu wird es windig, milchig, wild, schneidend kalt, einfarbig. Einige kleine, schlafende Obstbäume stellen der bissigen Brise ihr nacktes, unverhülltes Wesen entgegen.

Nach Überqueren der Passhöhe blicke ich in der Stille über die unfassbar weite, prachtvolle Develi-Ebene. Kein Auto weit und breit. Der Schnee bildet in einem gepflügten Acker schöne Furchenmuster. Eine Abendwolke schwingt sich in den Himmel und verbrennt vor goldoranger Schönheit.

## Traubenflucht

In einem Dorf kleben strohgespickte Kuhfladen an einer Mauer und trocknen zu Brennmaterial. Vater, Mutter und Sohn kommen herbei und möchten gefilmt werden. Die alte Frau hat ein langes, grünes Tuch um den Kopf geschlungen. Die grün gerahmte, schöne Faltenlandschaft ihres lächelnden Gesichts erzählt von der Ebene, von den Bergen, von Liebe, Staunen, von Verlustschmerz und viel Arbeit. Viele Menschen versammeln sich in der Dorfmitte um mich und wollen fotografiert werden – immer mehr Kinder, die wie eine grosse Traube, ein Bienenschwarm an mir hängen. Sie werden immer auf-

dringlicher, bis ich mich ihnen schnellen Schritts entziehe.

## Sarayçik

Die Strasse steigt steil auf 1700 Meter hinauf an. Hinter einer Strassenbiegung taucht das Dorf Sarayçik plötzlich auf. Es liegt in einer Landschaftsarena. Aus den Schornsteinen steigen gut nach verbranntem Holz duftende Rauchfahnen in den dämmrigen Abendhimmel.

Ein Hirt treibt gerade die Schafe und Ziegen ins Dorf zurück. Ich frage ihn nach dem Haus des Muhtars, des Dorfvorstehers. Der Hirt weist mit seinem Stock auf ein quadratisches Haus mit grünem Walmdach. „Orada (dort)!" Ich klopfe – der Beginn eines unvergesslichen Aufenthalts, das von grossen, warmen Herzen und reichlich Holz geheizt wird. Der Dorfvorsteher Ahmed und sein Sohn Halil führen mich in den Salon. Saniye, die Mutter, begrüsst mich wie einen alten Freund. Ein buntes Tuch wird auf dem Boden ausgebreitet. Die erlesensten Speisen reihen und türmen sich zu einem üppigen Ramadan-Abendessen auf.

Nach dem Essen ziehen Ahmed und Saniye gemeinsam ihr Ehebett neu für mich an. Der Eisenofen wird tüchtig eingeheizt, und bald döse ich in der kalten Bergnacht im weichen Ehebett mit vollem Bauch bei singendem, warmem Ofen und bin tief glücklich. Ich habe viel Schwarztee getrunken, wache deshalb ab und zu auf, schlummere aber immer wieder selig ein.

Saniye ist besonders früh aufgestanden, um mir – trotz Ramadan – ein wunderbares Frühstück mit frischem Kartoffel-Börek zuzubereiten. Sie packt mir den

Rest des grossen Börek-Fladens ein, Verpflegung für den ganzen Tag.

Immer noch hängen schwarze Wolken am vielfarbigen Morgenhimmel – das in Aussicht gestellte schöne und wärmere Wetter lässt noch etwas auf sich warten. Ahmed begleitet mich noch bis zum Dorfrand. Wir verabschieden uns tief bewegt. Beide haben wir Tränen in den Augen. Er winkt noch lange, bis ich ihn bei der nächsten Wegbiegung aus den Augen verliere.

## Kurs auf Jerusalem

Vor Saimbely, mitten im Föhrenwald kommen zwei Strassen zusammen. Seit Wien bin ich nach Südosten gewandert. Jetzt stosse ich auf die Strasse, die nach Süden führt – auf Kurs Richtung Jerusalem!

## Ecce mare!

Vor Dörtyol – plötzlich: Nach der Durchquerung Anatoliens der erste Blick aufs Meer. Starke Gefühle überwältigen mich. Wie viele Menschen, die in den letzten zwei Jahrtausenden ins Heilige Land gepilgert sind, wurden von diesem Blick getroffen, berührt – dankbar, es bis hierhin geschafft zu haben, besorgt, was auf der Reise bis zum Ziel noch alles dazwischenkommen könnte? All das schwingt mit in meinem Erleben, meinen Tränen, als ich auf die weite, im Dunst daliegende blaue Fläche hinunterstaune, auf der ein paar grosse Tanker wie auf trockener Strasse gestrandete Schnecken dümpeln. Hinter dieser Meerecke, wo die kleinasiatische Küste nach Süden umbiegt, erheben sich hohe Berge. Ein Seeadler mit eindrücklicher Flügelspannweite zieht grosse Kreise vor dem wolkenfreien Himmelsblau.

## Planetares Gefühl

Meine Seele fliegt mit ihm. Das lange Wandern – den Rhein und den Bodensee entlang, über den Arlberg, Innsbruck, Salzburg, Linz an die Donau, durch die Wachau, den Wienerwald nach Wien, durch die Auen nach Hainburg, die Weiten Ungarns über Budapest nach Rumänien, durch die stillen Gänsedörfer, über die einsamen Karpaten, durch Bulgarien über Höhenzüge bis ans schwarze Meer, über Istanbul und ganz Anatolien – ermöglicht ein neues planetares Gefühl. Die erwanderten Landschaften prägen sich dem Körper ein und schwingen von da an stets mit, abrufbar; und so spüre ich hier nicht nur das nahe Mittelmeer, sondern die Berge und Ebenen, die Hügel und Städte, die Wälder und Seen, die ich zurückgelassen habe, ja, die Meere und Kontinente. Alles ist Teil von mir geworden. Wie mich die Lebenskugel aufnimmt, trägt, birgt, ernährt und begeistert, so habe ich sie meinerseits verinnerlicht und spüre das Dazugehören zu ihr und zu allen Wesen, die sie bewohnen. Die Worte sind zu dürftig, um dieses planetare Gefühl zu beschreiben. Neben den zahlreichen beglückenden Begegnungen ist dies die gewaltigste Überraschung, das grösste Geschenk, das mir beim Sonnenwandern zufällt.

## Bitals Büchse

Das Scheppern einer Büchse reisst mich aus meinen Tagträumen. Der Schafhirt Bital treibt seine Herde auf mich zu. Statt mit Hilfe eines Hundes treibt er seine

Kozan Barajı, 3. 11. 2003

Tiere mit einer Büchse voll Steinen und kraftvollen Rufen an – wie ein „Ueli" (Bajass-Figur) am „Vogel Gryff" in Basel mit seiner Sammelbüchse. Ich komme mit dem gescheiten, wachen Mann ins Gespräch; und nach ein paar Minuten sind wir Freunde, auch wenn wir uns vielleicht nie mehr sehen werden. Noch lange winken wir uns, bis er hinter seinem letzten Schaf auf der Hügelkuppe hinter einem Felsblock verschwindet.

## Aus dem gleichen Stamm

In Payas trutzen dicke Mauern grau und schwer. Das Leben ist aus ihnen gewichen. Die Innenhöfe, Küche, das Hamam unbelebt, leere, schwere Hülle. Eine dicke Schale um eine schöne Frucht: Mittendrin grünt ein uralter Olivenbaum in der Nähe der Schlossmoschee, sein Stamm bizarr gewunden, die Rinde dräuend ineinander verschlungene Wülste, Fratzen, Karstlandschaften.

Ich lehne mit geschlossenen Augen an den Baum, spüre die alte, grosse, tiefe Kraft. Ich frage mich: „Wurdest du wohl gepflanzt, als die Schlossanlage und die Moschee vor 490 Jahren errichtet wurden?" Als ich aufblicke, steht ein stiller, ernster Mann mit weisem, gütigem Gesicht neben mir. Ich habe ihn nicht kommen hören. „Was glauben Sie, wie alt der Baum ist?", fragt er mich. „500 Jahre." „So lange war er schon da, als die Moschee gebaut wurde. Er ist 1000 Jahre alt." Er redet Türkisch mit mir. Es ist wundersam und einmalig. Ich verstehe fast alles, was er sagt – ein Verstehen der Sprache und über die Sprache hinaus. Er sei der Imam dieser Moschee. Er erzählt mir vom 5. Evangelium, dem Evangelium des Barnabas. Es wurde bei einem Konzil vom

christenfreundlichen Kaiser Konstantin aus der Bibel gekippt und ist in Vergessenheit geraten. Als er hört, ich wandere nach Jerusalem, wird er nachdenklich: „Christentum, Judentum, Islam, alle drei Religionen sind doch aus dem gleichen Stamm herausgewachsen. Wir sind eine einzige Familie. Der Konflikt zwischen Israel und Palästina lässt sich doch nur lösen, wenn dieser Familienzusammenhang wieder bewusst wird. Wir sind Vettern und Basen – alle."

## Geld zurück

Der Besitzer des Internet-Cafés begrüsst mich herzlich. Ich lese die eingegangenen Nachrichten und bezahle die geschuldeten 500 000 Lire. Er verwahrt die Scheine in der Schublade seines Pults. Dann fragt er mich, was mich nach Payas bringe. Ich erzähle ihm von meiner Wanderung und ihren Beweggründen. Er öffnet seine Schublade und gibt mir die 500 000 Lire zurück. „Allah kavusturursun!", (Möge Gott uns wieder zusammenführen!) bittet er beim Abschied.

## Manöver-Sabotage

Der Morgen webt schön und warm um Payas. In den Berghängen sind noch einige Nachtwolken hängen geblieben. Kaum laufe ich los, will mich schon ein geschorener, junger Mann zu seinen Eltern zum Essen einladen. Er müsse heute für zwei Jahre ins Militär einrücken. Militär – das heutige Tagesthema?

Am Ausgang einer Ortschaft trennt die erhöht geführte Strasse die Meeresküste und die Eisenbahnlinie von einem grossen Park. Aus dem Park tönt ein lautes

Trillerpfeifen-Signal. Eine gute Gelegenheit, meine bisher unbenützte Trillerpfeife einmal zum Einsatz zu bringen. Ich krame sie aus meiner Gürteltasche hervor und antworte dem Pfeifen mit der gleichen Pfiffsequenz. Bald darauf höre ich die Pfeifantwort, etwas anders, von der Meeresseite her. Ich wiederhole auch dieses Pfeifsignal. Da rennen plötzlich zwei furiose Soldaten über eine Eisenbahnüberführung wild gestikulierend auf mich zu: „Geri, geri – zurück, zurück! Bist du wahnsinnig?!", schreien sie mich an. Ich winke ihnen freundlich mit meinem Fähnlein zu. Sie bedeuten mir, so schnell als möglich zu verschwinden. Offenbar habe ich mit meinem Pfeifen ein Manöver gestört. Die Pfeife, die mich aus Notsituationen retten soll, beschert mir beinahe eine solche.

## Araba yok – baçak var

In einer in eine weisse Staubwolke gehüllten Fabrik packen Männer weisses Gips-Pulver in Säcke ab und übergeben sie einem Fliessband zum Verlad. Zwei ältere Arbeiter strecken mir ihre weiss gepuderten Hände durch den Stacheldrahtzaun, der die Fabrik umgrenzt. „Araba yok?", (Ohne Auto unterwegs?) fragt der eine. „Araba yok, baçak var!", (Kein Auto, dafür Füsse!) antworte ich. Oft sage ich auf die „Araba yok"-Frage: „Araba yok, otobüs yok, biciclet yok, autostop yok – baçak var!" (Ohne Auto, ohne Bus, ohne Fahrrad, ohne Autostop – aber mit meinen Füssen!) Dieser Spruch garantiert Heiterkeitserfolg.

## Als Ingenieur getarnter Gauner

Post Iskenderun. In der Warteschlange spricht mich ein kleiner, umgänglicher, geschmeidiger Herr in fliessendem Deutsch an. Er sei Ingenieur, habe in Ankara und Heidelberg studiert. Sie seien 14 Brüder und betreiben allerlei Geschäfte. Er lädt mich zu einem Tee in ein Hotel ein, das seinem Clan gehöre. Wir setzen uns auf die Hotelterrasse. Der Hotel-Gerant gesellt sich zu uns. Im Laufe des Gesprächs fragt mich der Gastgeber beiläufig, ob ich schon syrisches Geld habe. Ich hätte vor, dieses in Syrien an einem Bankomat zu beziehen. Das gebe es in Syrien nicht. Er könne mir Geld zu einem guten Kurs wechseln. Ich vertraue ihm. Er verschwindet, kommt lange nicht zurück. Langsam wird mir mulmig. Ich will gehen. Der Hotel-Gerant hält mich zurück. Sein Chef wäre sehr enttäuscht, wenn ich nicht mehr da sei. Endlich kommt er und bringt mir Geldscheine im Wert von 250 syrischen Pfund. Dafür bekomme er 290 Millionen türkische Lire. Soviel hätte ich nicht. Nun, der Gerant komme gern zum Bankomat mit, wo ich das Geld beziehen könne. Entgegen meiner inneren Stimme gehe ich auf den Handel ein – und, wie sich später herausstellt, zahle ich etwa das Fünffache des üblichen Wechselkurses. Später wälze ich grimmige Rachegedanken, Konfrontation, Polizei-Anzeige. Doch lasse ich dies dann fahren und ordne das Ganze unter „Lernstücke" ein. Es ist das einzige Mal, dass ich übers Ohr gehauen wurde – in fast 6 Monaten!

## Als Gauner getarnte Engel

Vor Antakya wähle ich einen einsamen Küstenweg. Ich werde vor dieser Strecke gewarnt. Es habe dort Kriminelle, Schmuggler. Doch begegne ich niemandem, während Stunden. Es regnet in Strömen. Der Regen wird stärker und stärker. Einmal mehr beginnt es zu blitzen, rings um mich herum. Das Gewitter tobt immer stärker. Das Meer schiebt sich unter Donnergrollen mit weiss-schaumigen Wellen an Land. Nun kollern auch Felsen und Steine von der Steilküste herunter auf den Weg, herausgelöst aus der Umklammerung des Kliffs durch den starken Regen. Die Strasse wird immer weicher. Ich wate bis zu den Knöcheln im Schlamm. Ich komme nur noch langsam vorwärts. Ich suche einen Unterschlupf in der Nähe, finde im dornigen Gestrüpp neben einem Bach ein Nest, wo andere schon Schutz gesucht haben. Es ist schon weit über Mittag, und bis zum nächsten Dorf sind es noch gut und gern zehn Kilometer. Ich möchte es vor Einbruch der Dunkelheit erreichen. So stolpere ich weiter.

Ich werde immer nasser. Die Blitze zucken nun mit immer kürzeren Abständen um mich herum. Ich weiss, ich und mein Schirm sind wieder einmal die einzigen Blitzableiter in dieser sturmgepeitschten Landschaft. Ich suche Schutz unter einem etwas überhängenden Felsen und will die Gendarmerie von Arsuz um Hilfe rufen. Doch mein drahtloses Telefon hat keinen Empfang an dieser zerklüfteten Steilküste. Ich sehe keinen anderen Ausweg als zu beten, um Hilfe zu bitten.

Ein paar Minuten später höre ich ein zunächst leises, dann immer lauter werdendes Brummen – ein alter, klappriger Lastwagen arbeitet sich zwischen den heruntergekollerten Felsbrocken auf der schlammigen Strasse vorwärts. Durch die triefende Windschutzscheibe sehe ich drei finstere Gestalten. Ich winke. Sie sehen mich nicht, fahren weiter. Ich schreie aus Leibeskräften. Nun

hören sie mich doch noch und lassen mich zusteigen. Den tropfenden Rucksack verstauen sie hinter der Fahrerbank. Ich quetsche mich neben sie. Der Fahrer manövriert geschickt zwischen allen Hindernissen durch. Einige Male steigt er aus, um einen Felsbrocken wegzuräumen. Immer wieder schielt er nach oben, um allfälligem Steinschlag ausweichen zu können.

Es sind wirklich finstere Burschen, unrasiert, buschige Augenbrauen, grobes, kehliges Lachen. Als wir die Ortschaft erreichen, fährt der Chauffeur mit Höllen-Karacho in eine grosse Pfütze. Ein Wasservorhang spritzt mehrere Leute voll, die dort auf einen Bus warten. Die Burschen kreischen vor Freude und klopfen sich auf die Schenkel. Meine rettenden Schutzengel haben sich gut getarnt …

Sie nehmen mich bis Samanda mit, dem nächsten Dorf. Der Regen hat aufgehört. Ein paar Sonnenstrahlen lassen die Strassen dampfen.

## Auf den Spuren von Petrus und Paulus

Antakya – Antiochien – das tönt in meinen Ohren wie ein alter, urchristlicher Gesang. Uralte Spuren finden sich in der Peterskirche, eine der ältesten, christlichen Kirchen – der Kirchenraum ist in den Staurion-Berg hineingegraben. Hier lebte Petrus von 29 bis 40 n. Chr. als Bischof. Hier sollen auch zum ersten Mal die Jünger Christi und ihre Gefolgschaft „Christen" genannt worden sein. Die kleinen, weissen Bodenmosaiksteinchen und Malereireste an den Wänden der Höhlenkirche sollen noch aus jener Zeit stammen. Die Fußsohlen von Petrus und Paulus sollen diese quadratischen, hellen Mosaiksteinchen berührt haben! Das lässt mich ehr-

Senköy, zwischen Ankara und Yayladağ, 12. 11. 2003

furchtsvoll erschaudern; ebenso das uralte Kreuzmuster im Schwellenmosaik der Kirche, weisse Mosaiksteine das Kreuz, darum herum schwarze als Kontrast, rote zur Zierde.

Auch wird Paulus von Barnabas aus Tarsus hierher berufen. Er soll ein Jahr lang hier gewirkt haben, bevor er seine ausgedehnten Reisen unternimmt. Gewölbe und Mauern stammen aus der Zeit der Kreuzzüge, als Antiochien im Jahre 1098 erobert wird. Der Vorbau stammt aus dem 18. Jahrhundert. Ich singe einige Lieder und lasse sie in der alten Kirchenhöhle verklingen. Zwei, drei Sekunden lang spüre ich eine starke, überwältigende Energie.

Vom Kirchenvorplatz aus bietet sich ein schöner Ausblick auf die Stadt. Auf den Gartenterrassen bimmeln braune Ziegen und knabbern am spärlichen Gras; im Vordergrund ein Gewimmel von ein- bis zweistöckigen Häusern, blau, rot, ocker, weiss, dazwischen grüne Baumkronen. In der Stadtmitte auch höhere, mehrstöckige Häuser; am Horizont sanfte, blaue Hügel; und über allem ein wild bewegter Himmel mit dunkelgrauen Wolkenbänken, weissen Cumulusgebirgen um ein tief uni-blaues Himmelsloch.

## Polizisten, Tauben, Fledermäuse

Zwei Polizisten sitzen in einem Streifenwagen und versuchen mit Ratschlägen per Lautsprecher, den stockenden Verkehr in Fluss zu bringen – ohne Erfolg. Die die Strassen verstopfende Blech-Thrombose bleibt stabil. In der Dämmerung schwirren Fledermäuse durch die Abendluft. Ein Taubenschwarm zieht endlose Kreise über den Dächern vor dem rosa-bläulichen Dämme-

rungshimmel, ein grosser Flugorganismus, den eine geheimnisvolle Kraft zusammenhält.

Dumpfe Böllerschüsse erinnern an den 80. Jahrestag der durch Atatürk ausgelösten türkischen Revolution. Immer mehr Lichter gehen an. Mit dem Einbrechen der Dunkelheit erstrahlt die Stadt im Lichterglanz, Geschmeide voll Leben.

## Den Zöllner wecken

Die letzten Schritte in der Türkei – ein lichter Föhrenwald zieht sich über die Grenzhügel. Das syrische Zollamt liegt noch in tiefem Schlaf. Ausser mir will noch ein Mann über die Grenze. Da ich einen Einreisestempel brauche, kann ich nicht einfach passieren. Wir rütteln am Tor, klopfen ans Fenster. Es dauert eine Weile, bis wir den Zöllner wach kriegen. Plötzlich regt sich etwas. Schritte schlurfen auf das versperrte Tor zu. Wortlos erscheint der Morgenmuffel und lässt uns ein. Er kontrolliert den Pass, das Visum. Es dauert noch eine Weile, bis der Computer aufgewärmt ist. Er gibt die Daten noch in den Computer ein, gibt den Pass zurück und verschwindet wortlos in einem Nebenraum, wahrscheinlich, um Kaffee zu kochen.

## Isa Ibrahim

Vor Jableh muss ich fünf Kilometer auf der Autobahn zurücklegen. Ich singe ein Lied nach dem anderen – so lasse ich die Strecke im Nu hinter mir. Am Ortseingang von Jableh spricht mich ein 35-jähriger Mann auf Französisch an. Wo ich übernachte? Ob es ein Hotel habe, frage ich zurück. Kein gutes, meint er. Ich könne bei ihm

Libanon-Berge, von Syrien aus, 19. 11. 2003

übernachten. Er stellt sich als Isa Ibrahim vor. Er sei Advokat und wohne bei seinen betagten Eltern. Offenes, empfindsames Gesicht, liebevolle Augen, starke Augenbrauen, Stirnglatze. Ich fasse sofort Vertrauen zu ihm. Er führt mich durch Gärten und Felder zu einem verträumten, von blumenreichem Garten umsäumten Haus. Der 85-jährige Vater und die 75-jährige Mutter nehmen mich auf wie einen Sohn. Sie weist mir das stark nach Kampfer riechende Gästezimmer an und tischt mir ein feines Essen mit vielen verschiedenen Gemüsen auf. Da Isa nur gebrochen Französisch spricht, führt er mich nach dem Essen zu seinem sprachgewandten Freund Meyhoub. Dieser redet fliessend Englisch und Französisch. Bei einem Lemon-Grass-Tee erfahre ich viel über Jableh, seine wechselvolle Geschichte, über die aristokratischen Wurzeln der Familie Ibrahim, über syrische Poesie und Musik.

## Gross-Syrien

Am Morgen nimmt mich Isa in sein Advokaturbüro mit. Er erzählt mir von seinem Grossvater. Dieser habe während der französischen Besetzung eine wichtige Position innegehabt. Vorher hatte Syrien eine grosse Ausdehnung – Libanon, Irak, Südtürkei um Iskenderun und Zypern haben dazugehört. In Isas Erzählungen schwingt die Trauer um das verlorene Gross-Syrien mit. Isa schwärmt auch vom Dichter Adonis, der in Jableh wohnt und den er sehr verehrt. Während im Wartezimmer zahlreiche Klienten warten, spielt mir Isa in seinem Büro in aller Ruhe eine Aufnahme eines syrischen Komponisten vor. Seine Lieder vereinen libanesische und syrische Musik in schönen Rhythmen und Harmonien.

Auf seinem Pult liegt ein Bild mit einem Symbol der Versöhnung zwischen Islam und Christentum – Sichelmond und Kreuz. Ich denke auch an den Besuch der Hagia Sophia in Istanbul – in dieser Moschee leuchten byzantinische Mosaike aus dem 10. Jahrhundert, Maria mit dem Jesuskind auf einem Tympanon – Christentum und Islam im gleichen Gebäude vereint.

Isa wendet sich seinen Schützlingen zu. Er arbeitet, oft ohne Bezahlung, für Angehörige von Minderheiten, für Unterprivilegierte, die in der syrischen Bürokratie unter die Räder kommen.

## Gebäck am Zoll

Die libanesischen Zöllner sind sehr nett: „Welcome to Libanon!", sagt jeder zu mir. Einer bietet mir Gebäck an. Alle sprechen Französisch und Englisch. Einer nimmt mir sogar das Ausfüllen des Einreise-Formulars ab. Nach wenigen Minuten wandere ich nach Libanon hinein.

## Tripolis

Rings um mich Gehupe, Motorengeknatter, Muezzinrufe. Ein kleiner, untersetzter Mann schliesst sich mir an. Ich erzähle ihm von meiner Wanderung. Seit einer Herzoperation vor ein paar Jahren gehe er auch mindestens eine Stunde zu Fuss. Er sei in Afrika geboren, in Sierra Leone. Sein Vater sei als Libanese dorthin ausgewandert. Sein grösster Fehler im Leben sei gewesen, vor dem Bürgerkrieg nach Libanon zurückzukehren. Er habe im Krieg alles verloren. Das habe ihm das Herz gebrochen. Als ich ihn frage, was eigentlich zum Bürgerkrieg geführt habe, meint er nur: „Crazy people – verrückte Leute."

## Berg und Zedern

Bei Bscharré. Tiefe Täler, ringsum hohe Berge, der höchste, der Qornet es Saouda (3083 m ü. M.) schon weiss überzuckert. Ein letzter Zedernwald hat dort dank dem Einsatz eines Bischofs überlebt. Beglückt lehne ich an die rissige Rinde eines über tausend Jahre alten Baums, träume zum Qornet-Gipfel hinüber und spüre die Gegenwart des geliebten Dichters Khalil Gibran. Die Baumriesen berühren sich mit ihren Ästen, rahmen die gleissenden Schimmelflanken des höchsten Berges ein.

Später besuche ich das Gibran-Museum, eine alte in den Berghang gehauene Einsiedelei in der Nähe von Bscharré. Gibran hat sie als Ort für seine Grabstätte und als Hort all seiner Schriften und Bilder gekauft. Viele Bilder und Texte zeugen von Gibrans Seelensichtigkeit: „Wiedereingehen in die Natur" – da denke ich an Bruno Manser, an meinen Freund, so eins mit der Natur, nun verschollen und wahrscheinlich eingegangen in die geliebte Dschungelnatur Borneos.

## Auf der Suche nach Gibran

Einer meiner Schlüsselträume kommt mir in den Sinn: *Ich suche im nächtlichen Beirut Khalil Gibran, den verehrten Dichter. Eine Frau mittleren Alters spricht mich an. Ich frage sie, ob sie wisse, wo ich den Dichter Khalil Gibran finde. Sie lächelt. Ich habe Glück, sie sei seine Nichte. Sie führt mich immer tiefer hinein in die alte, orientalische Innenstadt. Wir gelangen in einen von schönen, alten Häusern umgebenen Innenhof. Frauen bringen Teig zu einem Gemeinschafts-Ofen, wo gerade Brot gebacken wird. Abrupter Szenenwechsel: Ich befinde mich in einem Folterkeller eines Gefängnisses, düster, schmutzig, kalt, feucht, gekachelte Wände. Um einen Tisch sitzen furchterregende, finster dreinblickende Gestalten. Die Tür geht auf. Ein Wärter bringt eine Schüssel mit einem Huhn. Es ist gerupft, bewegt sich aber noch. Ich schreie, das dürft ihr doch nicht essen – das Tier lebt ja noch. Eine der Gestalten erhebt sich. Es ist ein Monstrum, gross, mit grauenvollem Antlitz, schwärenden Wunden. Bedrohlich kommt das Ungeheuer auf mich zu. Ich weiss, es will mich umbringen. Ich will mich wehren, die Glieder sind aber schwer wie Kartoffelsäcke, gelähmt. Da weiss ich: Nur mit Liebe kann es gehen. Ich sammle alle Liebe, die ich in mir spüre, in mein Herz und schicke sie durch mein drittes Auge dem monströsen Wesen. Da beginnt eine wundersame Verwandlung mit ihm. Er wird zu einem schönen jungen Mann. Er umarmt mich und flüstert mir ins Ohr: Deine Liebe hat dich und mich gerettet.*

Wie schön muss es zu Gibrans Zeiten in Bscharré gewesen sein: Stille, viele Tiere, keine Strassen, keine Motoren, die Landwirtschaft nachhaltige Naturpflege. Heute wühlt sich ein grosser Bagger in den Berg nahe der Eremitage, um einen Parkplatz für motorisierte Touristen zu schaffen. Auf einem Felssporn oberhalb der Einsiedelei thront ein klotziger Hotelbau, jenseits jeden Masses von Mensch und Landschaft. Doch die stille Grösse der nahen Berge, der alten Zedern ist noch spürbar; und im Winter wird der Schnee Hässliches verhüllen und alles Laute dämpfen.

## Meersalz

Nach Tripolis treffe ich auf ein meernahes Gebiet mit zahlreichen rechteckigen, flachen Bassins, in die über Rohre Meerwasser zugeleitet werden kann. Zuerst weiss ich nicht, wofür diese Becken dienen. Dann lese ich auf einer Tafel, es handle sich um Anlagen zur Meerwasserentsalzung. Seit den Phöniziern wird auf diese Art Salz gewonnen. Während der ottomanischen und französischen Besetzung ist diese Meersalzgewinnung verboten. Die Anlagen werden zerstört. Später werden die Bassins wieder gebaut und in Betrieb genommen. Heute scheinen sie jedoch nicht mehr benützt zu werden und stehen voll Regenwasser. Die Wasserspiegel zaubern den blauen Himmel auf die Erde.

## Santa Maria vom Wind

Dahinter, am Ras el-Natour, am Kap des Windes, liegt ein hübsches, kleines Kloster am Meer, Santa Maria vom Wind. Ein ockergelbes Glockentürmchen ragt leicht in den blauen Himmel. Ein ziegelrotes Pultdach deckt die Kirchenbasilika. Das Kloster wurde ursprünglich im 12. Jahrhundert gebaut und muss grosse Bedeutung zur Kreuzfahrerzeit gehabt haben. Im Ersten Weltkrieg sei es stark beschädigt worden. Seither wurde es zum Teil wieder aufgebaut und dient heute orthodoxen Schwestern als Kloster. Der mit zahlreichen Blumentöpfen geschmückte Innenhof wird gerade gefegt. Eine ältere Nonne überwacht die Reinigung und gibt Anweisungen für die Bestuhlung des Kirchenraums. Offenbar wird morgen eine grosse Feier stattfinden.

## Quelle folie

Die kleine, resolute Schwester missbilligt unverhohlen meine Shorts und die nackten Beine. Sie ist dann sehr zufrieden, als ich mir lange Hosen anziehe. Als sie von meiner Wanderung erfährt, sagt sie ein ums andere Mal: „Quelle folie, quelle folie!" (Was für ein Wahnsinn). Die kleine Kirche ist bunt ausgemalt. Der Chor endet in einer schön geschwungenen Apsis. Durch eine Kapelle gelangt man in den ruhigen Hof zurück, in den eine Zisterne eingesenkt ist.

## Eingemauert

Wie Phönix aus der Asche ist das Nationalmuseum in Beirut aus den Kriegswirren neu erstanden. In einem Film wird sichtbar, wie es während des Bürgerkrieges weitgehend zerstört war. Zu Musik von Villa-Lobos wird gezeigt, wie es wieder liebevoll restauriert wird, wie die kostbaren antiken Sarkophage vor dem Krieg mit einer Schutzschicht aus Backsteinen und Beton umhüllt und nachher wieder unversehrt daraus herausgespitzt und geborgen werden. Dornröschenstimmung: In mehreren Räumen sitzen müde Wärter auf Stühlen und schlafen. Auf einem uralten Pilgerglasfläschchen schillern leuchtende Regenbogenfarben.

## Verkehrsamöbe

Im belebten Zentrum von Baalbek filme ich rote und blaue Plastik-Kübel voll Datteln, Bohnen, Kichererbsen. Darum herum: Was für ein Verkehr – so ein Chaos, Autos, Motorräder, alles durcheinander! Beim Filmen phi-

Santa Maria Natour, Libanon, 20. 11. 2003

losophiere ich, wie dieses Chaos funktionieren kann und kaum Unfälle passieren: Versetzen sich alle Verkehrsteilnehmer in die andern hinein, so dass ein grosser Verkehrsorganismus, eine riesige Blechamöbe entsteht? Ein junger Mann mit kurzem Haarschnitt und Lederjacke reisst mich aus meinen Filmgedanken. Er tritt zu mir und will mir die Kamera abnehmen. Wie schon beim bedrohlichen Hirten in Rumänien stellt sich bei mir ein Redereflex ein: Ich überschütte ihn mit einem zuerst englischen, dann baseldeutschen Wortschwall: „Können Sie Englisch? Deutsch? Französisch? Nicht? Ich bin ein harmloser Pilger, in Basel, Schweiz, aufgebrochen, auf dem Weg nach Bethlehem. Sie meinen, ich sei ein Spion? Was soll denn das? Weit gefehlt! Was sollte ich in diesem Verkehrshaufen schon ausspionieren wollen. Und überhaupt: Fremdling bin ich, auf das Wohlwollen und die Gastfreundschaft …“ Er hat genug und lässt mich mitsamt Kamera stehen. Wahrscheinlich hält auch er mich für verrückt.

Am Abend beim Anschauen des Films erhalte ich die Erklärung für sein Intervenieren: Ich habe nicht nur die längste Zeit das Verkehrschaos gefilmt. Ohne es zu merken, hatte ich auch einen Militärpolizisten neben seinem Armeefahrzeug vor der Linse. Er versucht, Ordnung in das Verkehrsgewühl hineinzubringen. Der Lederjacken-Mann, wahrscheinlich Mitglied des Geheimdienstes, tritt zu ihm. Er macht ihn auf den filmenden Touristen aufmerksam. Beide schauen zu mir hin, machen fragende Gesten – mehrmalige Handdrehung in der Luft. Als ich immer noch nicht reagiere, schlängelt sich der Agent durch den Verkehr und kommt direkt auf mich zu.

## Damaskus

Ich schlafe, schlafe, schlafe, träume reiche, farbige Träume. Die Müdigkeit, Erschöpfung der letzten fünf Monate holen mich ein. Wie gut tut es, sie in einem ruhigen, wohlig bergenden Zimmer im Hotel Semiramis in Damaskus ausschlafen zu dürfen. In Schlafpausen ziehen Erinnerungsfetzen an mir vorbei. Viele einzigartige Begegnungen leuchten wie Sterne auf, eine Milchstrasse von Berührungen mit hilfreichen, liebevollen Menschen. Bald fühle ich mich erholt und schwärme schon wieder aus, in diese alte Stadt, oft als „Perle des Orients" bezeichnet. Der Perle fehlen in diesen Novembertagen Sonne und Wärme, ihr Glanz. Kühl, grauer Himmel, die Wasseradern, der Barada-Fluss, sowie Teiche sind trocken gelegt, voll Müll. Wohnblöcke düster, trostlos, armselig. Die Perle ist eingekapselt.

Aus dem römischen Jupiter-Tempel wurde die christliche Johanneskirche, aus dieser die Omeydan-Moschee, drei Kulturen, drei Religionen in nächster Nähe, das eine Gotteshaus aus Resten des vorigen zusammengebaut, ein alter, mächtiger Gebäude- und Religions-Kompost.

## Nischenprodukt

In einer russgeschwärzten Nische der römischen Mauer kocht ein Teekessel. Der Getränkeverkäufer hat sein Fahrrad aufgebockt. Im Korb auf seinem Gepäckträger drängen sich Thermoskrüge und Flaschen. Da mixt er Tee, heisse Zitrone und andere Getränke zusammen.

Ein Händler hängt mit einem langen, gestielten Haken bunte Papiergirlanden auf, Sterne aus Silber- und

Jordantal, 4. 12. 2003

Goldpapier, Rosetten in Rot und in den Regenbogenfarben, die wie riesige Dahlienblüten aussehen.

### Schuhe – ihr bleibt draussen

Über all den flanierenden Menschen schweben römische Rundbögen, korinthische Kapitelle und der Singsang des Muezzin. Das hohe Eingangstor der Omeydan-Moschee saugt die Menschenströme an. Sie bücken sich, ziehen ihre Schuhe vor der grossen Schwelle aus, bevor sie eintreten. Dann durchqueren sie den weiten Moschee-Hof und werden vom Dunkel des sakralen Raumes geschluckt. Halbschuhe, schwarze, braune, neue, ausgelatschte Schuhe, abgelaufene Absätze, Turnschuhe, modische, zerschlissene, Sandalen, immer ein Paar. Auf dem Steinsims der Moscheemauer hocken Tauben, einzeln in Reih und Glied, zwei Handbreit Abstand voneinander, Tiere der Semiramis.

### Terrorverdacht

Ein russischer Chor gibt ein Konzert im Kulturzentrum. Als ich ganz versunken den wunderbaren Liedern zuhöre, kommt einer der Organisatoren ganz blass und aufgeregt auf mich zu: „What do you have in your backpack? It's very unusual, that somebody wears a backpack in a concert!" (Was haben Sie in Ihrem Rucksack? Es ist sehr ungewöhnlich, dass jemand einen Rucksack in einem Konzert trägt!) Er hat Angst, ich sei ein Terrorist und trage eine Bombe herum. Er beruhigt sich, als ich ihm den Inhalt meines Rucksacks zeige, Schirm und Papiere, und ihn an der Garderobe abgebe. Im Hinblick auf den Kontrast, den ich zum Konzertpublikum bilde, kann ich seine Besorgnis verstehen – der Fremdling in gelber Windjacke und Sandalen, mit gelb-schwarzem Rucksack inmitten von elegant gekleideten, parfümierten Konzertbesuchern, schön frisierten und geschminkten, mit Schmuckstücken behängten Damen.

### Engel im diplomatischen Dienst

Solche Diplomaten braucht das Land – Botschafter Jacques de Wattwil und seine Frau. Die Schweizer Botschaft ist in einem Mietshaus über der spanischen untergebracht. Der Botschafter empfängt mich herzlich und interessiert. Er ist selbst begeisterter Bergsteiger und Velofahrer, ein grosser, vornehmer Mann mit Silberhaar. Er hilft, wo er kann: Er ruft seinen Kollegen in Amman an, den Schweizer Botschafter in Jordanien. Er fragt, ob ich für Jordanien ein Visum an der Grenze bekomme, welche Übergänge von Jordanien nach Israel für Wanderer problemlos passierbar seien. Er sendet ein Mail an die Botschafter von Jordanien, Israel, an den Geschäftsträger in Palästina. Es käme da ein Schweizer zu Fuss vorbei. Er gibt ihnen meine persönlichen Daten, E-Mail-Adresse und Telefonnummer durch. Sie sollen mir behilflich sein, wenn ich in Not bin oder sonst irgendetwas brauche. Er lädt mich in seine Residenz zum Mittagessen ein, einer geräumigen Parterre-Wohnung mit Blick in einen schönen Garten mit Schwimmbad. Frau de Wattwyl schenkt mir frische Datteln, er seine letzte Schweizer Schokolade. Immer wieder denkt er nach, was er mir noch zuliebe tun könnte.

Nazareth, 6.12.2003

## Ankunft in Israel

Über Dara'a gelange ich ins jordanische Irbid – von dort an den Jordan-Übergang an der israelischen Grenze. Beim israelischen Zoll werde ich von einem Sicherheitsbeamten gründlich ausgefragt. Er rapportiert seinem Chef. Es folgen Röntgen-Kontrolle meines Gepäcks und Metall-Test. Ich muss nicht einmal den Rucksack öffnen. Die Passkontrolle macht eine sehr nette, junge, dunkelhäutige Frau. Sie ist sehr beeindruckt von meiner langen Wanderung.

Nach zwei Stunden habe ich es geschafft: Israel. Ich kann es noch gar nicht fassen. Alle Fragen, Unsicherheiten in Bezug auf den Grenzübergang liegen in der Vergangenheit. Es liegt keine Grenze mehr zwischen Jerusalem und mir. Auf einer Distanztafel steht: Jerusalem 126 km – kaum zu fassen. Für mich wird der Weg weiter sein, da ich die besetzten Gebiete umgehe.

## Hagais Bild

Hagai hat ein Bild gemalt: Roter Himmel, karge Landschaft mit tiefen, schwarzen Abgründen, die von dunklen Brettern überspannt sind. Wo sie aufliegen, stehen schemenhaft helle Menschenfiguren mit weit geöffneten Armen. Dieses Bild kommt mir in den kommenden Tagen immer wieder in den Sinn, wenn ich etwas vom unermesslichen Leid und der tiefen Sehnsucht spüre, auf denen der israelisch-palästinensische Konflikt gründet und die er wiederum erzeugt.

Vor Nazareth kommt mir ein Biker mit Fahrradhelm entgegen. Ich frage ihn, ob es in der Nähe ein Hotel hat. „Du brauchst kein Hotel, du kannst bei mir übernach-

ten", lädt mich Hagai ein. Hagai, 27-jährig, studiert Graphic Design. Fünf Jahre hat er in der Armee gedient. Er wurde im Südlibanon durch einen Granatsplitter verwundet. Er hat ausgedehnte Reisen in Afrika, Südamerika und in den USA unternommen. Ich folge ihm in seine Wohnung. Sie liegt in einem rings von üppigen Gärten umgebenen Haus in Balfouryya. Er verwandelt für mich sein Sofa im Salon in ein Bett. Seine Katzen ziehen auf die Fauteuils um und scheinen – ihren wohlig geschlossenen Augen und ihrem Schnurren an – auch dort ihr weisses und dunkel geschecktes, rundes Sein zu geniessen.

## Wiedersehen nach 40 Jahren

Regula Derrer, damals Sekretärin der Basler Baudirektorin, gibt mir die Adresse ihrer Schwester mit und ermutigt mich, sie zu besuchen. Im Laufe des Nachmittags komme ich im Kibbuz Sha'ar Ha Amaquim – „Tor zu den Tälern" – an. Das Kibbuz liegt zwischen Haifa und Nazareth. Der Sicherheitsbeamte im Pförtnerhäuschen ruft Marianne Carmel-Derrer. Als Erstes eröffnet sie mir, sie habe von 1956 bis 1962 an der Bruderholzallee in Basel gewohnt, im Haus genau gegenüber von meinem Elternhaus. Da ist die Erinnerung an das „Dreimädelhaus" Derrer wieder da; und auf einmal sehe ich im gegenwärtigen Antlitz die Gesichtszüge der jungen Frau.

Marianne führt mich im Kibbuz herum. Die hellen Häuser mit sanft geneigtem Dach sind in viel Grün eingebettet. Wir kommen zum Kinderhaus, zum Spielplatz mit seinen bunten Geräten, zur Betagtenstation, wo Marianne arbeitet, dann zur Cafeteria, zum Speisesaal. Bis vor kurzem wurden keine Löhne ausbezahlt. Im Laden

Zichron Yaakov, 8. 12. 2003

wurden die Kosten für bezogene Nahrungsmittel aufgeschrieben und vom Taschengeld abgezogen. Jetzt sei alles im Wandel; die Genossenschaftsidee sei am Zerfallen. Viele Kibbuz-Mitglieder arbeiten auswärts und beziehen eigenen Lohn. Yossi, Mariannes Mann, arbeitet bei Chromagen, einer kibbuz-eigenen Sonnenkollektor- und Boilerfabrik.

Zuletzt kommen wir zum Wohnhaus, früher 1 1/2 Zimmer, wo drei von Mariannes Kindern geboren wurden und in engen Verhältnissen aufwuchsen. Seither wurde das Haus erweitert. Ein üppig blühender Garten umgibt das Haus. Der Blick geht zum Carmel-Berg, wo soeben die Sonne untergegangen ist und den Bergrücken mit einem Goldsaum schmückt.

Zum Nachtessen finden sich alle Kinder, Enkelinnen und Enkel ein. Marianne zaubert ein wunderbares Pilz-Quiche-Nachtessen auf den Tisch.

## Von der Sonne leben

Am Vormittag besuche ich mit Yossi die Chromagen-Fabriken. Die Sonnenkollektor-Produktion ist erfolgreich. 60 % der Kibbuz-Einnahmen stammen aus dieser Fabrik. Sie exportieren die Ware u. a. nach Spanien, Deutschland, Griechenland, Polen, USA. Die Boilerfabrik ist schon älteren Datums und befindet sich innerhalb vom Kibbuz. Die Kollektorenfabrik ist ganz neu. Sie ist damals die fünftgrösste Sonnenkollektorenfabrik weltweit. 51 Frauen und Männer arbeiten dort. Alle 1 1/2 Minuten wird ein Kollektor produziert.

Seit 1982 besteht in Israel Kollektorenpflicht für Neubauten – eine Wohltat, auf allen Häusern die Sonnenkollektoren zur Wassererwärmung anzutreffen.

Ich denke an die Solaranlage auf dem Ostdach meines im Jahr 1595 erbauten Hauses in Elm. 12 Jahre hat es gedauert, bis sie bewilligt wurde. Schliesslich wurde das Wunder möglich, dank der Unterstützung des Gemeindeschreibers. Jetzt stehen mir stets 900 Liter heisses Wasser zur Verfügung, von April bis Okober vorwiegend gratis geheizt von der Sonne – trotz Ostdach, Baudenkmal, hohen Bergen ringsum. Wenn das in Elm möglich ist, geht es auf jedem Haus in der Schweiz. Nehmen wir uns Israel zum Vorbild!

Vom Kibbuz Sha'ar Ha Amaquim aus wandere ich über Nazareth, Caesarea der Meeresküste entlang nach Herzeliya, wo ich Tami und ihre Eltern treffe.

## Tami

Stundenlang sind wir vor 23 Jahren in Boston zusammen herumgeschlendert. Damals war sie kaum zwanzig, ihr üppiges Haar im „Afro-Look", fest und kraus, ihre wachen Augen grau-grün, Gesicht, Arme, Beine schön, braun gebrannt; das Schlendern einer verwöhnten, etwas gelangweilten jungen Frau. Jetzt Mutter und kompetente Berufsfrau mit viel Verantwortung. Dabei strahlt sie eine wohltuende Gelassenheit aus. Diese Ruhe, diese ungeteilte Gegenwärtigkeit hatte sie damals schon.

Tami ist Enkelin meiner „Schlummereltern" in Brookline bei Boston. Fanja und Leon Rubinstein sind als Juden 1938 dem Nazi-Terror in die USA entflohen. Sie haben mich während meiner Boston-Zeit wie ein Familienmitglied aufgenommen.

Tami arbeitet in Jerusalem. Sie geht aber wegen möglicher Attentate nie in die Altstadt. Sie verabscheut den Fanatismus, wo immer er angetroffen wird. Sowohl über

Caesarea, 9. 12. 2003

Selbstmordattentäter als auch über extreme Siedler meint sie nur: „They are crazy" – sie sind verrückt.

## Endspurt

In Tel Aviv komme ich gerade rechtzeitig zum ersten Festanlass der schweizerisch-israelischen Gesellschaft; auch besuche ich einen Freund, den Psychiater Aaron Bodenheimer. Über Neve Shalom, dem Kibbuz der Hoffnung, wo Israeli und Palästinenser gemeinsam leben und ihre Kinder in die gleiche Schule schicken, führt der Weg nach Jerusalem. Eigentlich möchte ich auf Wanderwegen im Wald nach Jerusalem wandern. Eine Weile folge ich den Wegmarkierungen. Dann merke ich, dass ich im Kreis herumlaufe. Nun packt es mich: Querfeldein, über ein Bachbett, durch Rebberge strebe ich der Autobahn zu. In knapp vier Stunden lege ich auf dem Pannenstreifen die 25 km nach Jerusalem zurück.

## An der Stadtmauer

Als ich an der alten Stadtmauer von Jerusalem ankomme, lehne ich mich an die grossen, warmen Steine und werde von Gefühlen überwältigt. Dankbarkeit, gesund anzukommen, Ehrfurcht vor diesem Ort, vor der reichen Geschichte, die hier ihren Schauplatz hat. Wie im Nahtoderleben läuft meine ganze Wanderung nochmals wie ein Film vor mir ab. Die Fülle von Eindrücken, Begegnungen fliesst über mit meinen Tränen, die auf dem warmen Stein schnell trocknen.

## Österreichisches Hospiz

Ich lasse mich vom Menschenstrom durch das Damaskustor tragen – Händler mit ihren Schubkarren, Chauffeure, die mit lauten „Ramallah, Ramallah"-Rufen eine Transportmöglichkeit ins besetzte Gebiet anpreisen, orthodoxe Juden, Araber, israelische Soldaten, vereinzelt Touristen. Ich beziehe ein schönes Zimmer im österreichischen Hospiz an der Via dolorosa mit Blick über die alten Ziegeldächer der Stadt. Die goldene Kuppel der Felsenmoschee leuchtet herüber.

## Siegfried Mikael Eriksson

Auf nach Bethlehem. Als ich durch das Damaskustor gehe, denke ich: Wie schön wäre es, jemandem zu begegnen, den ich kenne. Er oder sie könnte filmen, wie ich hier ankomme und durch das Tor in die Stadt hineinspaziere. Oben an der Treppe sitzt ein junger Mann auf der Mauer und schreibt Postkarten. Er blickt auf und ruft mir auf Basler Dialekt zu: „Bist du nicht der, welcher von Basel nach Jerusalem gewandert ist?" Siegfried Mikael Eriksson ist 21, studiert Sozialpädagogik. Er hat in einem Flüchtlingslager bei Bethlehem schon vor 1 1/2 Jahren gearbeitet, als dort im Jahre 2001 heftige Kriegswirren ausbrachen. Hals über Kopf musste er fliehen. Jetzt ist er soeben angekommen, um Hotelschlüssel und Schulbücher nach Bethlehem zurückzubringen. Er macht die gewünschten Aufnahmen, und zusammen pilgern wir nach Bethlehem.

## Doch noch ein Eintritt

Die Dame im christlichen Informationszentrum beim Jaffa-Tor bedauert: „Es gibt leider keine Karten mehr für den Weihnachtsgottesdienst. Alle weg!" „Das kann nicht Ihr Ernst sein", sage ich. „Jetzt komme ich zu Fuss aus Basel, bin fast sechs Monate unterwegs, um Weihnachten in der Geburtskirche zu feiern. Viele Menschen unterwegs haben mich gebeten, in diesem Gottesdienst für sie zu beten und eine Kerze anzuzünden. Und ich soll nicht teilnehmen dürfen?" „Fragen Sie den Priester!" Ein italienischer Franziskanerpriester tritt herzu. Ich unterbreite ihm erneut meine Bitte. „Wie viele Karten haben wir für die italienische Botschaft reserviert?", fragt er die Dame. „Vier, soviel ich weiss." „Geben wir ihm eine davon. Übrigens", wendet er sich erneut an mich: „Sind Sie katholisch?" „Ja, ja", gebe ich zurück, in dem Moment fast selbst überzeugt, ich sei es. Er schärft mir noch ein, ja niemandem zu sagen, wie spät ich die Karte erhalten habe. „Es ist eine ganz besondere Ausnahme." Und schon bin ich im Besitz der begehrten Karte.

## Palästina

Nun sind wir im Palästinensergebiet. Eine Palästinafahne flattert am Strassenrand. Zwei junge Palästinenser springen herzu, breiten das Flaggentuch aus, um damit gefilmt zu werden. Zwei aufgeweckte Bürschlein begleiten uns den Hügel hinauf zur Geburtskirche. Einer von ihnen nimmt mir den Fahnenstock ab und trägt ihn stolz vor sich her.

## Am Ziel

Dann kommen wir an. Ich bin völlig überwältigt, als ich auf dem grossen Platz vor der Geburtskirche stehe. Auch hier läuft die ganze Wanderung vor meinem inneren Auge nochmals ab, tausend Bilder in rasender Flucht, Gesichter, Landschaften, Gerüche, Gefühle. Ankunft. Am Ort, den ich die ganze Zeit schon in mir getragen habe, der mich angezogen, beflügelt hat. Tränen. Kalte Schauer jagen den Rücken hinunter.

Ein palästinensischer Polizist bittet mich, meine Freunde aus der Schweiz nach Bethlehem zu schicken und für den Frieden zu beten. Sie brauchen dringend Unterstützung, Menschen, die es trotz den Spannungen wagen, nach Bethlehem zu kommen.

Ich ducke mich durch die winzige Pforte, durch die Könige, Bettler, Gross und Klein, Arm und Reich auf gleiche Weise in die griechisch-orthodoxe Geburtskirche hineinkriechen müssen. Tiefe Stille umfängt mich in der Krypta. Ein junger, langhaariger Pilgersmann betet und liest andächtig. Gelbe Rosen blühen im Kreuzgang der Katharinenkirche.

## Weihnachten

In den Tagen bis Weihnachten erfülle ich mir zwei Träume: Ausflüge nach Petra und Sinai. Am heiligen Abend treffe ich eine junge Frau und wandere mit ihr zum Weihnachtsgottesdienst nach Bethlehem. Wir haben uns im Kloster Maria Langegg kennengelernt. Schon damals sagte sie: „An Weihnachten bin ich in Jerusalem. Vielleicht können wir die Weihnachtsfeier in Bethlehem gemeinsam feiern."

Die Zeremonie dauert fast drei Stunden, von 23 bis 2 Uhr. Ich kauere in der Menschenmenge, an eine Säule gelehnt. Zahlreiche Touristen recken Hälse und Kameras. Sie filmen den Gottesdienst. Meine Därme rumoren wegen eines Lamblien-Infekts, den ich in einem ägyptischen Hotel aufgelesen habe.

Und doch bin ich tief glücklich. Ich denke an alle Menschen, die mich eingeladen haben, an dieser Messe für sie zu beten. Die ganze Reise gehe ich in Gedanken nochmals durch, dann mein ganzes bisheriges Leben. In mir braust Musik, Dankbarkeit für das Leben, für dieses Wunder mit all seinen Begegnungen, mit allem Entdecken, Lernen, Erkennen, Scheitern, Beschenktwerden und Gehenlassen, Dankbarkeit für die Sonne, die Erde.

Die fünfeinhalb Monate dauernde Reise verschwimmt mit der 55 Jahre dauernden Lebensreise, beides Pilgerfahrten, ineinander geschachtelt wie russische Babuschka-Puppen; und ich verspüre tiefe Zuversicht: Wir werden lernen, mit der Sonne zu leben. Die Menschheitsgeschichte auf diesem einzigartigen Planeten hat ja eben erst begonnen. Sie kann weitergehen, wenn wir den zehn Geboten ein elftes hinzufügen und beachten, das Gebot der „Erdgenügsamkeit":

„Vermehre das Leben und die Schönheit auf diesem Planeten! Du sollst nicht mehr vom Planeten nehmen, als du wieder zurückgeben kannst oder als nachwächst. Und vor allem: Vergifte nicht Luft, Wasser und Erde!"

# Dank

Der Schöpfungskraft und meinen Eltern bin ich dankbar fürs Leben, für Naturbegeisterung, Gesundheit und Bewegungsfreude. Auch in der Ferne spüre ich, wie viel mir Bruder- und Seelenbruderschaft mit Beat bedeutet. Meine Schwester Rosmarie Frey-Vosseler hat in mir die Freude am einfachen Reisen und am Zeichnen unterwegs geweckt, mein Bruder Paul die Lust auf Kultur.

Meine Paten-„Kinder" – Raffael Kuster, Claudia Vosseler, Ivo Güdel, Viola Giese, Mirjam Ballmer und Lukas Grüter – inspirieren und motivieren mich für mein Engagement.

Martin Gutjahr-Jung vom emu-Verlag und der Druckerei Kösel danke ich für die freundschaftliche Zusammenarbeit, die dieses Buch erst ermöglicht hat. Wolfgang Rehfus hat mich mit der Gesellschaft für Gesundheitsberatung und dem emu-Verlag zusammen gebracht. Franz Hohler – sein Grusswort ist mir grosse Freude!

Esen Leylâ danke ich für den genussvoll-spielerischen Türkischunterricht. Urs Hitz und Petra Ramskogler vom Basel Hilton grossen Dank fürs Türöffnen!

Regina Maria Lutz hat mir nicht nur immer wieder Mut gemacht, meine Reisenotizen in Buchform zu bringen. Sie hat auch das Auge für vierblättrige Kleeblätter und Textfehler. Ihre Kritik und Anregungen haben mir sehr geholfen. Auch Sylvia Frey Werlen verdanke ich viele bedeutende Impulse fürs Schreiben.

Willy Surbeck, Leiter von Telebasel, hat mich zum Filmen gebracht. Er, Mirjam Jauslin, Claude Bühler und das gesamte Telebasel-Team ermöglichten unsere Zusammenarbeit und damit eine schöpferische und nährende Verbindung mit der Basler Region. Sie schufen auch eine breit wahrgenommene Plattform für das Anliegen meiner Reise.

Claudio Beretta und Christoph Sutter danke ich fürs Mitwandern.

Begegnungen wie die mit Gregor Sieböck haben diese Pilgerwanderung zu einer tief beglückenden Lebenszeit werden lassen – Zufall, Glücksfall, „Gott"-Fall. Sein Buch „Der Weltenwanderer" hat mir für dieses Buch Mut gemacht und mir wichtige Anregungen vermittelt.

Es gibt viele Freundinnen und Freunde, die ich hier erwähnen, denen ich hier danken möchte. Dank der Verbundenheit mit ihnen erlebe ich unseren Planeten als Heimat, wo immer ich bin.

# Martin Vosseler

*Die Menschheit gleicht einem großen Organismus. Wie Einzelzellen trägt jede Lebensgeschichte zum Gesundheitszustand des Gesamtorganismus bei. Wie eine wachsende Zahl von Menschen versucht auch Martin Vosseler, mit seiner Lebensweise und seinen Aktivitäten einen Beitrag zur Energiewende zu leisten. Er wählt diese Priorität, weil er keine wichtigere und dringlichere Aufgabe sieht, als unsere Lebensgrundlagen zu erhalten.*

Foto: Johnny Bürck

Geb. 4. 10. 1948 in Basel als jüngstes Kind von Paul Vosseler, Geograf, und Maria Vosseler-Zwicky, Krankenschwester. Bruder Beat (1947), Halbbruder Paul (1920), Halbschwester Rosmarie Frey-Vosseler (1923).

Schulen in Basel: Primarschule (1955 – 1959), Humanistisches Gymnasium (1959 – 1967, Matur Typ A 1967).

Medizinstudium in Basel (1967 – 1974), medizinisches Staatsexamen (1974), Doktorabschluss (1976).

Assistenzarzt am Kantonsspital Basel (1974 – 1979).

Research Fellow an der Division of Primary Care and Family Medicine der Harvard Medical School, Boston, MA, USA (1980 – 1982).

FMH Innere Medizin, US Staatsexamen 1979.

Praxistätigkeit (Innere Medizin, Psychosomatik) in Basel (1982 – 1995).

Hauptinitiator von:

**PSR/IPPNW Schweiz** (1981, Physicians for Social Responsibility – ÄrztInnen für Soziale Verantwortung, Schweizer Gruppe der International Physicians for the Prevention of Nuclear War – Internationale ÄrztInnen für die Verhütung eines Atomkrieges, Friedensnobelpreis 1985): Verein von Ärztinnen und Ärzten, die sich für eine Welt ohne Atomwaffen und Atomkraftwerke einsetzen.
www.ippnw.ch

**AerztInnen-Aktion „Luft ist Leben"** (1985): Über 3000 Schweizer Ärztinnen und Ärzte fordern vom Bundesrat die Senkung der Abgaswerte auf den Stand 1960. Eine der Vorläuferorganisationen der Schweizer Ärztinnen und Ärzte für Umweltschutz (AefU, 1987). www.aefu.ch

**SONNEschweiz** (1992 – 2005): Stiftung, die sich für die Energieautarkie der Schweiz einsetzt – dank optimaler Energieeffizienz und erneuerbaren Energien. Die

Hauptpfeiler: Sinnlich reicher Lebensstil bei geringerem Energieverbrauch, gewitzte Technologie, Veränderung der politischen Rahmenbedingungen zugunsten nachhaltiger Energie.

Mitgründer von:

**sun21** (1997): Internationales Energieforum zur Förderung von Energieeffizienz und erneuerbaren Energien, jährlich durchgeführte Veranstaltungswoche. Gäste: Micheline Calmy-Rey, Michail Gorbatschow, Al Gore, Klaus Töpfer, Moritz Leuenberger, Bertrand Piccard, Dominique Voynet, Ernst U. von Weizsäcker, Amory Lovins u. a.
www.sun21.ch

**Oekostadt Basel** (1986): Verein zur Förderung einer ökologischen Stadtentwicklung

**Transatlantic21** (2006): Verein, der die erste Atlantiküberquerung mit einem Solarkatamaran organisiert. Mitglied der 5-köpfigen Crew. **Guinness Book-Rekord 2007.**
www.transatlantic21.ch

Außerdem:
Gemeinsame Aktionen mit Bruno Manser (u. a. Fastenaktion in Bern für einen Tropenholzimportstopp aus Sarawak, 1993), Leitung sun21 (1997 – 2004), Engagement zur Erhaltung des Naturgebiets an der Wiese (Widerstand gegen Zollfreistrasse, 2004 – 2006)

Weite Wanderungen:
- 1994: Elm/GL – Meride/TI
- 1995: Elm/Gl – Neuchâtel/NE
- 1999: Konstanz – Santiago de Compostela
- 2003: Basel – Bethlehem. Motto: „Es hat genug Sonne für uns alle"
- 2008: SUNwalk: Los Angeles – Washington, D.C. – N. Y. C. – Boston

*Diese Wanderung, die abenteuerliche Atlantiküberquerung im Solarboot sowie das Solarenergieprojekt SunKalinago beschreibt Martin Vosseler in seinem Buch* **Mit Solarboot und Sandalen** *(erschienen im emu-Verlag, ISBN 978 – 3-89 189-191-9).*

- 2009: Sonnenpfad: Wanderung um sowie kreuz und quer durch die Schweiz

Ehrungen:
- 2004 Preis des ökologischen Mutes (Ökogemeinde Binningen, Ökostadt Basel)
- 2007 Schweizer Solarpreis
- 2007 Europäischer Solarpreis
- Ehrenmitglied PSR/IPPNW Schweiz

Hobbies: Cabaret, Zeichnen, Geige

Martin Vosseler wohnt in Basel, BS, und Elm, GL.

# Inhaltsverzeichnis der DVD zum Buch „Der Sonne entgegen"

## Film „Basel – Bethlehem zu Fuss"

## Der Sonne entgegen
Reiseberichte als PDF auf der DVD enthalten.

# Ein Verlag, ein Haus, eine Philosophie.

Millionen Bundesbürger kennen den kämpferischen Ganzheitsarzt Dr. Max Otto Bruker (1909–2001) aus dem Fernsehen, aus Vorträgen, durch den „Mundfunk" überzeugter Patienten. Vor allem lesen sie aber die rund 30 Bücher des schwäbischen Humanisten und Seelenarztes. Mit einer Gesamtauflage von über drei Millionen Exemplaren ist Max Otto Bruker der wohl bedeutendste medizinische Erfolgsautor im deutschsprachigen Raum. Der – in der Nachfolge des Schweizer Reformarztes Bircher-Benner scherzhaft „Deutschlands Vollwertpapst" genannte – Massenaufklärer, langjährige Klinikchef und Ernährungsspezialist lehrt zwei fundamentale Erkenntnisse Patienten wie Gesunden: Der Mensch wird krank, weil er sich falsch ernährt. Der Mensch wird krank, weil er falsch lebt.

Hinter den Erfolgstiteln des emu-Verlages steht ein bedeutender Forscher und Arzt, eine Bewegung, ein Haus und tausende Schülerinnen und Schüler. 1994 wurde das „Dr.-Max-Otto-Bruker-Haus", das Zentrum für Gesundheit und ganzheitliche Lebensweise, auf der Lahnhöhe in Lahnstein bei Koblenz bezogen. Es stellt die äußere Krönung des Brukerschen Lebenswerkes dar: Der lichte Bau mit seinem Grasdach, den Sonnenkollektoren und den Wasserrecyclinganlagen, seinen Seminarräumen, dem Foyer mit der Glaskuppel, dem Biogarten und dem Kneippbecken, ist als Treffpunkt für all jene konzipiert, denen körperliche und seelische Gesundheit, ökologische und spirituelle Harmonie Herzensbedürfnis sind.

Hinter dem eleganten Halbmondkorpus verbirgt sich eine Begegnungsstätte für Gesundheitsbewusste, Seminarteilnehmer, Trost-, Ruhe- und Anregungsbedürftige.

Gern senden wir Ihnen kostenlos Informationen über das Dr.-Max-Otto-Bruker-Haus und ein Programm des emu-Verlags zu!

Das Dr.-Max-Otto-Bruker-Haus in Lahnstein

**Feste Termine (Eintritt frei):**

Jeden Dienstag, 18.30 Uhr: Vortrag Dr. phil. Mathias Jung (Lebenshilfe und Philosophie)
Jeden Mittwoch, 10.30 Uhr: Fragestunde mit Dr. med. Birmanns (Ärztlicher Rat aus ganzheitlicher Sicht)

**Ausbildung Gesundheitsberater/in GGB**
**Lebensberatung/Frauen-, Männer- und Paargruppen**

Die vitalstoffreiche Vollwertkost hat ihre Verbreitung, auch im klinischen Bereich, durch die unermüdliche Information und praktische Durchführung von Dr. M. O. Bruker gefunden. Um die Erkenntnisse gesunder Lebensführung und die durch falsche Ernährung provozierte Krankheitslawine ins öffentliche Bewusstsein zu rücken, bildet die von ihm 1978 gegründete „Gesellschaft für Gesundheitsberatung GGB e. V." Gesundheitsberaterinnen und Gesundheitsberater GGB aus. Über 4000 Frauen und Männer haben bislang die berufsbegleitende Ausbildung bestanden und wirken in Volkshochschulen, Bioläden, Lehrküchen, Krankenhäusern, ärztlichen Praxen, Krankenversicherungen und ähnlichen Bereichen.

Auf der Lahnhöhe erhalten sie durch das GGB-Expertenteam nicht nur eine sorgfältige Grundlagenausbildung über die vitalstoffreiche Vollwerternährung und den Krankmacher der „entnatürlichten" (denaturierten) Zivilisationsernährung (raffinierter Fabrikzucker, Auszugsmehle, fabrikatorische Öle und Fette, tierisches Eiweiß usw.), sondern gewinnen auch Einblick in die leibseelischen Zusammenhänge der Krankheiten.

Anfragen zur Gesundheitsberater-Ausbildung wie zu den Selbsterfahrungsgruppen, Lebensberatung und Paartherapie bei Dr. Mathias Jung und weiteren Tages- und Wochenendseminaren sowie Einzelberatung sind zu richten an die Gesellschaft für Gesundheitsberatung GGB e. V., Dr.-Max-Otto-Bruker-Str. 3, 56112 Lahnstein (Tel.: 0 26 21/91 70 10, 91 70 17, 91 70 18, Fax: 0 26 21/91 70 33). E-Mail: seminare@ggb-lahnstein.de Internet: www.ggb-lahnstein.de

Fordern Sie ebenfalls ein kostenloses Probe-Exemplar der Zeitschrift „Der Gesundheitsberater" an.

## Keine Angst vor großen Köpfen!
## die blaue reihe – der Einstieg in die klassische Philosophie

**Kann Philosophie unterhaltsam sein? Oder gar spannend?**
**Seit „Sofies Welt" wissen wir: Es geht!**

… Wann und wo lässt sich eine philosophische Methode im täglichen Leben anwenden? Ist der Mensch zu einer ethisch-humanistischen Weiterentwicklung fähig, oder leben wir nur einen Schritt von der Steinzeit entfernt?

… Entdecken Sie die faszinierenden Lebensgeschichten der klassischen großen Denker! Tiefsinnig, aber dennoch humorvoll gelingt es Autor Mathias Jung, vermeintlich trockene und staubige Gedankenkomplexe anschaulich darzustellen. Mit Humor und Esprit tauchen wir ein in das Leben großer Denker und Visionäre, ohne dabei den „Gebrauchswert" ihrer Arbeit außer Acht zu lassen.

Dr. phil. Mathias Jung studierte in Bonn, Münster und Wien Philosophie. Er arbeitete 25 Jahre als Journalist (u. a. buch aktuell) und ist seit 1992 als Gestalttherapeut in Lahnstein bei Koblenz tätig.
Im emu-Verlag sind von ihm bisher ca. 50 Bücher zur praxisorientierten therapeutischen Lebenshilfe erschienen.

Mathias Jung
**Sokrates**
Tod, wo ist dein Stachel?
Perspektiven der Menschlichkeit

Mathias Jung
band 2
**Seneca**
Wege zur inneren Freiheit
Perspektiven der Menschlichkeit

Mathias Jung
band 3
**Augustinus**
Das Drama von Glauben und Vernunft
Perspektiven der Menschlichkeit

Mathias Jung
band 4
**Montaigne**
Das Leben als Meisterstück
Perspektiven der Menschlichkeit

Mathias Jung
band 5
**Spinoza**
Gott ist Natur - Natur ist Gott
Perspektiven der Menschlichkeit

Mathias Jung
band 6
**Hume**
Die englische Aufklärung: Erwachen aus dem dogmatischen Schlummer
Perspektiven der Menschlichkeit

Mathias Jung
band 7
**Voltaire**
Die Waffe des Geistes
Perspektiven der Menschlichkeit

Mathias Jung
band 8
**Kant**
Die Revolution der Vernunft
Perspektiven der Menschlichkeit

Mathias Jung
band 9
Ludwig **Feuerbach**
Wie Gott gemacht wurde
Perspektiven der Menschlichkeit

Mathias Jung
band 10
**Schopenhauer**
Leben im Absurden
Perspektiven der Menschlichkeit